北京市教育科学规划2022年度重点课题

《基于城市副中心教育发展需求的高质量教师研修体系研究》

（编号：CCAA22032）研究成果

基于教师专业发展的区域高质量研修体系建构

孙翠松　著

JIYU JIAOSHI ZHUANYE FAZHAN DE

QUYU GAOZHILIANG YANXIU TIXI JIANGOU

中国言实出版社

图书在版编目（CIP）数据

基于教师专业发展的区域高质量研修体系建构 / 孙翠松著. -- 北京：中国言实出版社，2023.5
ISBN 978-7-5171-4450-2

Ⅰ.①基⋯ Ⅱ.①孙⋯ Ⅲ.①师资培养—研究 Ⅳ.
①G451.2

中国国家版本馆CIP数据核字（2023）第069670号

基于教师专业发展的区域高质量研修体系建构

责任编辑：史会美
责任校对：王建玲

出版发行：中国言实出版社
  地 址：北京市朝阳区北苑路180号加利大厦5号楼105室
  邮 编：100101
  编辑部：北京市海淀区花园路6号院B座6层
  邮 编：100088
  电 话：010-64924853（总编室） 010-64924716（发行部）
  网 址：www.zgyscbs.cn 电子邮箱：zgyscbs@263.net

经 销：新华书店
印 刷：北京中科印刷有限公司
版 次：2023年5月第1版 2023年5月第1次印刷
规 格：710毫米×1000毫米 1/16 15印张
字 数：160千字

定 价：68.00元
书 号：ISBN 978-7-5171-4450-2

序　言

党的十八大以来，习近平总书记就加强教师队伍建设作出了系列重要指示。2023 年 5 月 29 日，习近平总书记在主持中共中央政治局第五次集体学习时，特别强调指出，强教必先强师。要把加强教师队伍建设作为建设教育强国最重要的基础工作来抓，健全中国特色教师教育体系，大力培养造就一支师德高尚、业务精湛、结构合理、充满活力的高素质专业化教师队伍。习近平总书记关于加强教师队伍建设的重要论述是教师队伍培养建设的根本遵循。

教师是教育高质量发展的关键因素和重要保障，教师教育研究是教育研究的重要领域。如何推进教师教育职前职后一体化，构建教师终身学习与专业成长的制度，是教师教育高质量发展的关键。我们要加强教师的职前培养，对教师的职后研修也应进行系统化的理论建构，建设基于教师专业发展的区域高质量研修体系。

2019 年，教育部出台《关于加强和改进新时代基础教育教研工作的意见》，明确了基础教育教研工作"服务学校教育教学""服务教师专业成长""服务学生全面发展""服务教育管理决策"的四大任务，对加强区域教研体系的构建有重要指导意义。2022 年 4 月，教育部会同其他部门出台《新时代基础教育强师计划》（以下简称《强师计划》）。《强师计划》以高素质教师人才培养为引领，以高水平教师教育体系建设为支撑，以提升教师思想政治素质、师德师风水平和教育教学能力为重点，推动教师队伍建设创新。《强师计划》中 15 条具体措施都指向提升教师能力素质，其中包括提升教师思想政治素质、加强和改进师德师风建设、实施高素质教师人才培育计划、深化精准培训改革等。

从 1905 年的通州教育研究会发展至今，北京市通州区教师研修中心（北京教育学院通州分院）已经有一百多年的历史。一百多年来，中心扎根京畿大地办教育，按照"三位一体——研修一体——研学共振——同心汇智　研修赋能"的发展脉络不断创新工作思路，为区域教育高质量体系的建立提供了专业支撑。近年来，中心以教研转型发展实践、教师发展等相关理论为依据，在全面梳理通州研修发展历史及教师发展需求的基础上，从高标准的研修体系需求定位、高效率的一体化融合研修机制、丰富完善的个性化教师研修课程体系、运行保障系统等四个方面探索建立了北京城市副中心的高质量教师研修体系，为助推北京城市副中心基础教育的高质量发展作出了应有的贡献。

杨志成

2023 年 5 月

目　录

第一章　研修发展：历程、内涵及价值

一、教研的发展历程及特色

"研修"的发展是从"教研"开始的。教研，即教育教学研究，通常指研究教育教学问题、总结教育教学经验、研究教育教学方法、指导教育教学实践等总称，是"中国基础教育的独特经验和优良传统"①。教研工作是教育的源头和活水，是教育管理的重要组成部分。我国在政府各级教育主管部门设立教育科学研究院（所、室、中心）、大专院校设立教育学院（教育研究院、教育研究中心等）、学校设立学科教研组，这种从政府到学校完整、系统、严密的具有"中介性"地位和作用的教研组织，是世界各国少有的中国特色教研制度，是新中国从一穷二白的教育基础取得快速发展的重要举措，是新中国对世界基础教育发展制度创新的重要贡献。著名

---

① 刘月霞.追根溯源："教研"源于中国本土实践 [J]. 华东师范大学学报（教育科学版），2021，39（05）：85-98.

课程教学专家、香港大学教授程介明将上海在 PISA 中取得显著成绩归因为四个主要方面：一是课堂教学的质量，包括强度和密度；二是中国学生课内外全时间的学习；三是中国的教研制度；四是上海持续深入的课程改革工作。国际学生测评项目负责人安德里亚斯·施雷彻发现，上海"整个教育系统有本事把原来一般的老师，变成非常有工作效率的老师"。

（一）教研的发展阶段

纵观整个教研的发展历程，大概经历了六个发展阶段：初创期（1949—1956），从无到有；发展期（1957—1965），逐步完善；挫折期（1966—1976），陷入低谷；恢复期（1977—1984），重整旗鼓；规范期（1985—1999），壮大繁荣；完善期（2000— ），转型创新。[①]

1. 初创期（1949—1956）

新中国成立前，各地不乏教学研究的开展，如各类研究会和教学小组以及老解放区中心学校制度的创立 [②] 为我国教研制度的创立奠定了基础，但没有独立的教研体系的设立，也没有从事教研工作的专门机构和专职人员。早在新中国成立前一年，作为东北解放区的哈尔滨的文教科就成立了教研组。1949 年 10 月，大连市教育局抽调有经验的教师组成小学教学研究组。上海市教育局增设"研究

[①] 梁威.撬动中国基础教育的支点——中国特色教研制度发展研究 [M].北京：教育科学出版社，2011.

[②] 这些机构的主要功能在于促进教师之间的教学合作研究、经验分享，受到教育行政的督导与管理。

室"。新中国成立后，借鉴苏联教学研究系统的经验，密切结合我国中小学教育教学实际，在学校设立教研组[①]，开展同科同年级教师集体备课活动，提高教学质量。之后，各地陆续在各级教育行政内部设置了具体部署和主持教学工作的教学管理部门即教学研究组织。有了教研机构后，行政部门抓教研机构，抓教研员，教研员抓学校教师，党的思想政策才得以贯彻下去。教研室组织和指导中小学教师进行教材教法研究，开展各种教学改革的实验，传播和交流教学经验，成为当时最直接、最经常、最现实、最普遍的培训渠道。总之，加强对中小学教学的管理、指导和研究，以提高教育教学质量，是教研室建立与制度建构的根本原因。

1952年3月，教育部颁布新中国第一份涉及教研组的正式文件《中学暂行规程（草案）》和《小学暂行规程（草案）》，对中小学教研组的设置作出了详细规定。这是有关我国教研组最早的法规依据，标志着教研组以国家文件的形式在我国中小学正式确立。随后，各地中小学教研组织建立，名称有所不同。[②]1952年9月30

---

① 《中国教育年鉴（1949—1984）》对教研室的描述：在中华人民共和国成立初期，学习苏联的教育教学经验，结合当时的中国实际，在高等学校建立了教学研究室，作为高等学校教学和科研的基层组织。在中等学校和一些小学，按学科建立了教学研究组，其主要职能是组织教师学习党的教育方针和政策，研究教学大纲、教材和教学方法，钻研教学理论和专业知识，总结交流教学经验，帮助教师提高业务能力。在省、地（市）、县（区）三级分别成立了教学研究室，其主要职能是负责本地区一部分教学管理、学科教学研究和指导工作，进行各种教学质量检查等。《中国教育年鉴》编辑委员会.中国教育年鉴（1949—1984）：地方教育 [M].长沙：湖南教育出版社，1986：753.

② 规模大的学校还按年级设置了年级组，协助教导处研究和协调同年级学生的思想品德教育工作。详见《中国教育事典（中等教育卷）》，1954年3月15日《全国普通教育与师范教育工作1953年的基本总结和1954年的方针任务》报告。《中国教育事典》编委会.中国教育事典：中等教育卷 [M].石家庄：河北教育出版社，1994：202-203.

日发出《关于中小学教师进修问题的通报》，要求加强中小学教师在职学习，建立教师进修制度。1955 年，《人民教育》发表题为"各省市教育厅局必须加强教学研究工作"的评论，要求"独立设置小学研究室"，成为厅局长领导教学的一个有力助手。此后，各地教研组织纷纷成立，标志着我国教研制度的正式确立。从教研主体而言，有专门的人员从教学岗位分离出来从事教研工作，不再仅仅是学校教师的活动，而是专门人员专职工作；从组织机构而言，层层组织、指导，提供组织保障；从制度而言，系列教研规章、教学计划保障教学顺利推行。基层学校教学研究组织要早于省级教研组织。这一时期，教研组织的工作集中在三个方面：注重政治文化与业务知识技能的学习、教材与教法的研究及苏联教学法小组借鉴而言的组织互相听课与观摩教学，此外，编写新中国第一批教材，培训教师，帮助教师解决教育教学中的问题，提高师资水平。

1955 年《各省市教育厅局必须加强教学研究工作》

教研机构的"几项主要工作"应该是："（一）了解教学情况，检查教学质量"；"（二）搜集、研究、总结和推广教学经验"；"（三）组织和领导教学研究会"。该文被认为是我国第一个比较规范和系统的专门性教研工作文件。这一工作文件是在全国各省市广泛实践的基础上形成的。1949 年，上海市教育局就设立了教学研究室，负责指导中小学教学研究工作。1953年，河南省在教育厅编制内设立教学研究室。1954 年，黑龙江省教育厅设置了教学研究室，负责中小学和师范学校的教学研究工作。1954 年贵州省教育厅增设教学研究室。1954 年 6 月，北京市委下发《关于提高北京市中小学教育质量的决定》，提出"市教育局应设立专门机构或专人负责管理教学研究和教学指导工作"。《人民日报》随即于同年 6 月 28 日刊发该决定，直接推动了各地教研机构的建立，《人民教育》的《各省市教育厅局必须加强教学研究工作》的发布亦直接受此推动。"虽然成立的具体时间不一致，但各地成立教研组织的背景和操作程序基本都是一样的。这一时期各地成立的教研室基本都为行政机构，隶属于教育厅（局），其人员编制、经费来源等都具有很强的行政色彩。"

2. 发展期（1957—1965）

1957 年 1 月，教育部颁布了新中国历史上第一个以教研组为主题的正式文件《中学教学研究组工作条例（草案）》及《关于〈中学教学研究组工作条例（草案）〉的说明》，一方面催生了部分省市县专职教研组织的建设，另一方面明确了学校教研组的主要任务，进一步规范了教研组的性质、定位和工作内容。条例将教学研究组织统一称为教学研究组，简称教研组，明确了教研组的性质和任务，是各科教师的教学研究组织，任务是组织教师进行教学研究工作，总结、交流教学经验，提高教师思想、业务水平，以提高教育质量。说明着重申明：教学研究组是教学研究组织，不是行政组织的一级。它的任务是组织教师进行教学研究工作，以提高教育质量，而不是处理行政事务；教研组长负责领导本组教学研究工作，不是介乎校长、教导主任和教师中间的一级行政干部。不能让教研组和教研组长陷入行政事务工作中，否则会影响教学水平和教学质量的提高。条例对教研组的性质与任务作了更为清晰的界定，对实际工作中教研组承担更多行政职能予以更正，标志着教研组向专业化和正规化阶段迈出了重要一步，也是教研组教学研究质量提升的重要保障。

由于新中国成立后百废待兴，学校无法自主开展教研工作，教研活动几乎由行政力量主导，教研制度属于政府直管型。到 1966 年之前，各省、地 / 市、县的教学研究组织相继成立，并建立了教研员队伍。这一时期我国承旧启新，在学习苏联的基础上，结合本国的教育实践经验，大致完成了具有中国特色的基础教育三级教研制度的框架构建。教研员和教研组织职能均以教学研究为核心，以提高教学质量为最终目的。

3. 挫折期（1966—1976）

这一时期，教研组的任务相当艰巨，它担负着统一教学内容，统一教学进度，统一教学要求，统一教学重点的责任。通过教研组的共同研究，可以达到同年级同科教学的步调一致，促使年级间在教材上的衔接和知识上的相互弥补，以保证教学质量。另一作用是有利于培养一支又红又专的教师队伍。虽然学校教研组大多解散，但年级集体备课制成为教研制度唯一幸存形态。教研组在编写教材、教学材料、帮助教育行政部门整顿教学秩序方面做出了一定的贡献。

这一时期，各个地方开始重新编写教材，各省着手改造原有的教研室，成立了各类"教材编写室 / 小组"，编写各科教材。这样，原本教研室的职能由教学研究弱化为编写教材。由此看出，教研制度原有的职能退化，教学研究和管理工作遭到破坏，教研员职能被限制在教材编写上。

4. 恢复期（1977—1984）

这一时期基本形成了深入各学校的教研网络。三种设置形式：一是单独设置；二是隶属于教育学院作为专职研究管理部门；三是与教育科学研究部门（如教科院、教科所等）合二为一，成为其中职能的一部分。

首先，作为教育行政部门的一个直属事业单位，独立的教研室便于在教育行政部门的直接领导下工作，充分发挥教研的参谋和助手作用；有利于提高教学指导工作的效能；深入基层、了解下级单位工作情况比较方便。同时，便于与各个处室加强联系和工作上的配合。但是，由于行政部门在教学工作以外的任务很多，有些任务非常紧迫，在人手不足的情况下，往往抽调教学研究人员协助，容易使经常性的教学研究活动受到冲击。行政部门布置的工作多是处理现实性的教学矛盾或限期完成的一些具体任务，容易使教学理论的系统研究工作受到忽视，难以保证。

其次，设置在教育学院，既能保证经常性的教学研究活动，又能系统进行学科教育理论的研究，利于教学研究人员自身的提高和在理论研究方面取得成果。教研与进修工作结合，使得进修工作更富有针对性，提高教师教学能力。但是，在领导关系上中间多了一层，不像行政部门领导教研室那么直接、顺手；教学研究人员与行政部门各处室的关系，很容易淡薄，不像教研室与各处室配合那么密切、协调；学院终归是个学校，没有行政职能，下学校了解情况不如行政部门那么方便，不利于发挥教学的指导作用。

最后，设置在教科院，可以将学科教育理论的研究工作和教学改革的实践工作统一起来，减少工作上的重复，容易产出学科教学的科研成果，节约从事学科教学研究方面的人力。但是教学研究只是教育科研的一部分，在一起有可能由于抓教研而削弱其他方面的研究，也有可能由于教育科研任务重而挤掉教学研究。此外，科研周期较长，容易忽视研究处理现实教学的矛盾，难以做到对面上教学工作的及时指导。

教研室隶属类型各有利弊，以直属行政部门的管理方式最有利于开展工作。这样教研室的行政管理相对独立，具有独立的人事、财务等权力，能依据教研工作的特点进行管理和支配；同时，教育行政部门直接管辖，有利于业务与行政的合作，能充分发挥教研组织"上传下达"的作用。

这一时期，恢复、重建教育秩序，加强基础教育教学研究，整顿和培训教师队伍，提高学校教学质量是首要任务。这一时期，教学研究工作主要包括：根据中小学教学改革和发展需要，研究教育思想、教育理论、课程设置、教学内容、教学方法、教学手段和学科教学评价等；组织多层次多形式的教学研究活动，帮助广大教师执行教学计划，钻研、掌握教学大纲和教材，不断改进教学方法，努力提高教学效益；总结推广教学经验，积极组织教改实验，探索教学规律，推动教学改革，大面积提高中小学教学质量。通过总结实践经验，逐渐将以教学为中心具体化为三个为主：课堂教学为主，教科书为主，发挥教师主导作用为主。

教研活动经常化、制度化，教研与科研相结合，是这一时期各级教研组织教研工作的一大特点。教研活动和教学实验成为教研室的生命力，通过积极开展各种教学研究活动和教学实验，探索教学规律，推动教学改革，各级教研组织把教学研究成果予以总结、交流，并宣传推广，以大面积提高中小学教学质量。

5. 规范期（1985—1999）

1986年秋，全国中小学教材审定委员会召开全国教研室主任会，总结1985年以前教研室的工作，其作用发挥不容忽视、不可替代。教育部实施三项根本性举措：一是抓教研室主任培训，华东师大举办三期培训班（培养三种能力"大教育、大教学——以课程为载体、大教研——打破学科界限"）；二是开展对教研工作的评估，对天津、安徽和黑龙江进行工作视察和指导；三是1990年发布《关于改进和加强教学研究室工作的若干意见》，明确了教研组织的作用，规范了教研工作职能，将其工作重点确定为教学研究、教学指导和教学管理三个方面。此外，为教育行政机构提供决策服务，包括教学文件的撰写、考试说明的编制等，教学实验和课题研究也成为教研的重要部分。

1990年《关于改进和加强教学研究室工作的若干意见》

1990年6月，国家教委颁布《关于改进和加强教学研究室工作的若干意见》，这是第一个以教研室为主题的正式文件。文件明确提出"教研室是地方教育行政部门设置的承担中小学教学研究和学科教学业务管理的事业机构",职责任务包括:研究教育思想、教学理论、课程设置、教学内容、教学方法、教学手段和学科教学评价等;为教育行政部门决策提供依据;组织编写乡土教材和补充教材;组织教改实验;提高教师业务水平;开展学科教学检查和质量评估;研究考试方法的改革等。

规范是这一时期的主题,教研组织发挥制度优势,帮助中小学建立和保证教学规范:一是教师培训强化教师教学规范意识,提高教师教学素质;二是教学指导,加强教学实践规范;三是主持或参与考试评价管理及具体工作,监控教学规范和考试评价本身规范。同时,这一时期的另一个主题是科学化:使用比较规范的科研方法开展教学研究;加强验证、推广教法改革实验的力度,重视教科研成果的总结、宣传和推广。

6. 完善期(2000—)

在新课改背景下,各省市教研组织的职能定位逐步从"以教学为中心"变为"以课程改革为中心",从原先的教学管理和教学研究两大职能转变为以课程教材改革为中心的教学研究、教学指导、服务等职能,推动全国各地建立以校为本的教研制度。伴随教育行政部门体制改革,一些地方的教研组织的隶属关系发生变化。以北京为例,原教学研究部改为北京教科院基础教育教学研究中心,隶属于教科院,原有的教材编写管理职能交由教科院课程教材发展中心,原有的统一考试命题交由北京教育考试院。这一时期,教研部门通过组织课程标准和多版本教材的教师培训、开展教学设计和案例研究、支持以校为本的教研活动等，保证了课程改革的实施。

这一时期，北京市教研组织及教研工作的定位：立足点——满足政府决策和宏观调控需要、学校和教师适应教育教学改革改进教育教学工作的需要、人民群众享受个性化终身化高质量教育的需要。主要任务、服务对象——解决基础教育教学面临的实际问题，为政府决策和政策推行服务，为学校和教师适应教育教学改革、改进教育教学工作服务、为全体学生享受高质量教育服务。重点——以基础教育课程与教学改革研究与实施工作为中心，以基础教育教学质量监控与评价为增长点。基本方式、着力点——把工作与研究结合起来，在行动中研究，在研究中行动；把学习与实践结合起来，边干边学；把多种研究方法结合起来，优势互补，为我所用。着力点——促进先进的教育理念和理论转化为教育教学行为，架起教育理念转化为教育教学行为的桥梁。上海教研室职能定位：课改、教材、教学、培训、推广、资料、开发、承接等。

2002年12月，教育部颁发了《教育部关于积极推进中小学评价与考试制度改革的通知》（教基〔2002〕26号），在建立有利于提高学校教育质量的评价体系中要求学校应建立以校为本、自下而上的教学研究制度，鼓励教师参与教学改革，从改革实践中提出教研课题。校本教研制度正式出现在国家教育行政部门的文件中。2004年9月，教育部创建以校为本的教研制度建设基地项目专家组在上海召开项目组工作会议，正式确立了全国30个省市自治区和84个区县为全国首批创建以校为本的教研制度建设基地，全面开展创建以校为本的教研制度的探索。校本教研制度是为了适应学习化社会要求和教师终身教育的要求而建立的，也是为了弥补教研室自上而下的教学研究制度的不足而设计的，为教研室的教研工作制度融入了新的内涵。近年来，课例研究、课题研究和基于学生发展问题的研究都成为教研组的教研活动，提高了学校教研的质量。

基础教育质量观是课程改革的主题之一。围绕着如何提高质量、如何评价质量、如何监控质量等问题，教研制度面临着新的课题：一方面，如何科学评价和监控基础教育教学质量成为新课题；另一方面，如何进一步提高教研工作质量也成为突出的命题。随着各地教育考试部门的独立，教研组织原先承担的较大量的中考、毕业会考等终结性考试命题工作逐渐减少。新课程要求建立科学、系统的基础教育教学质量评价和监控系统，这成为 21 世纪教研组织的新任务。除了继续参与部分终结性考试命题工作外，教研组织加强了学生综合素质评价的研究和实践，开始建立起基础教育教学质量监控与评价系统，使教研工作走上科学、规范之路。同时，加强对新课程下课堂教学评价标准的研究，也是教研组织指导课堂教学、保证教学质量的重要工作。

2019 年 11 月，教育部印发《关于加强和改进新时代基础教育教研工作的意见》（以下简称《教研工作意见》），对新时代基础教育教研工作进行了全面规划和整体部署。《教研工作意见》作为《中共中央 国务院关于深化教育教学改革全面提高义务教育质量的意见》的配套文件，充分说明教研工作对于提高基础教育教学质量具有重要支撑作用。文件明确指出："按照《中共中央 国务院关于深化教育教学改革全面提高义务教育质量的意见》要求，进一步完善国家、省、市、县、校五级教研工作体系，有条件的地方应独立设置教研机构，暂不具备条件的地方应在相对统一的教育事业单位内独立设置，形成上下联动、运行高效的教研工作机制。各级教育行政部门要加强对教研机构的组织领导……形成以教育行政部门为主导、教研机构为主体、中小学校为基地、相关单位通力协作的教研工作新格局。"

由上可见，我国教研制度的创立是适应中小学教育发展需求，借鉴苏联经验，在研究、指导解决我国中小学教育教学问题的过程中不断完善和发展起来的，是中国特色社会主义教学管理制度的重要组成部分。教研组织随着基础教育变革和中小学课程教材教学改革的不断发展而发展，成为保证课程教材教学改革、提高教育教学质量和教师专业化发展的核心支撑力量。在发展过程中，已经形成了一套比较成熟、行之有效的教研体系，造就了一支教学经验丰富、学术造诣较深、管理指导能力较强的教研员队伍。究其本质，是其始终是在应对基层学校教学工作需要，紧密地为中小学的课堂教学服务。

（二）教研制度的特色

中国的教研制度的特色就在于它既不是教育行政部门，又在教育行政部门领导下开展教育教学的研究，帮助、指导一线教师研究教学策略、改善教学方法、提高课堂教学质量。它不同于各级教师培训机构，不承担教师继续教育任务，而是直接进入学校课堂，与教师一起研究改进教学。教研员本身绝大部分都是教师出身，有丰富的教育教学经验。他们承担着研究、指导、服务、管理的职能，是最贴近中小学教育教学实际、最了解中小学教育教学真实情况的教学研究者。他们一方面为教师服务，另一方面沟通教育行政部门与一线教师的联系，为教育行政部门提供信息和参考，教育行政部门的教育教学政策和方针经常通过教研员传达给一线教师。同时，教研员通过加强与高等师范院校、教育科研机构、教师培训部门等的交流与合作，将最鲜活的课程改革信息、最先进的教育理论动态及时传递给一线教师，成为构建理论与实践的桥梁。[①]

1. 组织特色：涵盖中央到地方的五级教研网络体系

我国现有教研制度下的教研体系是中央—省市级教研室—地市级教研室—县（区）级教研室—学校教研组。所谓五级教研网络，即以中央主导，省教研机构为龙头，市教研组织为中心，县（区）教研室为依托，学校教研组为基础的五级教研网络。这一制度旨在明确各级教研机构的分工，创新教育教研活动方式，灵活、有效地开展教研活动，提高教研质量。中央教研机构的主要职能是对教育工作进行宏观的研究和决策，同时通过下发文件传达教育理念，指导教育教研工作的开展。比如教育部基础教育课程教材发展中心，它负责基础教育教研工作的开展，还有组织实施重大教学改革研究项目，建设基础教育教研基地和对各地教研工作进行指导，等等。省教研机构承担全省教育工作的宏观指导和决策职能，为学校教育改革提供支持与帮助；组织和开展国家和省级重大科研项

---

① 梁威，等.撬动中国基础教育的支点——中国特色教研制度发展研究 [M].北京：教育科学出版社，2011：序言 1-2.

目，发挥示范引导作用；负责全省教育系统内人员的业务培训工作；承担基础教育的教学研究与指导工作，推进教研工作的有效开展。市教研机构具体承担着全市各级各类教育研究、教育科研规划与课题管理、基础教育和中职教育学科教学研究、指导与服务、学科教学评价与质量监控、教师业务培训、地方课程和学校课程设置研究、地方教材和课程资源建设和教研科研信息交流等职能职责。县级教学研究机构的任务主要是对当前教学中存在的最主要、最紧迫的现实问题进行研究和探索，总结和推广先进的教学经验，据此指导教师切实、有效地改进和改善教学工作。学校教研组通过组织教师进行自我学习、课题探讨、集中反思、教学日记、教学论坛、教学观摩、案例分析、专业技能训练等，研究教材，研究教法，研究学法，研究教育教学问题，在教研组里探究教学中的疑难问题，解决教学中的困惑。①

2. 权力特色：兼具行政权力与专业话语权力的双重性

我国教研制度兼具行政权和专业话语权。一方面，我国教研制度进行垂直管理，中国古代政治思维的权力思想，权力本位价值理念强调政治权力在政府职责体系中的支配作用。这一模式的基本路线，首先是由教育部牵头制定宏观教育政策和路线，再由省级教研机构提出教研工作的目标、方针、内容、形式、方法和任务等，然后推广至市、县级机构，最后下放到学校的教研组。行政部门管理着教研事务，主导着教研制度的价值取向，左右着中小学教研活

① 李伟，蒋璐．我国基础教育教研制度的历程、特色与展望 [J]．教学与管理，2022（19）：3.

动的开展。另一方面，地方教研机构需要根据当地实际情况，为上级教育部门提供决策依据，建立教师培训制度，推进课程改革的进行，设立课程评价体系，组织考试命题工作。在基础教育改革进行指导和管理时，行政权力与专业权力双管齐下，发挥各自的职能，保证工作的顺利开展。

3. 实践特色：以教学为核心

教研制度建立的根本目的就是提高基础教育教学质量，加强对中小学教学的管理、指导和研究。教研职能是以教学为核心，通过研究教学现象和问题，试图找出教学规律以指导教学工作，保证教学活动的顺利开展和提升教育教学质量。围绕教学内容研究。学校成立教研组集体备课，关注学科的发展趋势，把握学科的最新信息，了解学科的特点，制定出符合学科规律的教案。这帮助了教师熟悉教材的重难点，及时总结教学经验，在集体备课中进行思维的碰撞，促进先进教学理念的传播。围绕教学活动指导。学校建立教育教学质量监控与评价体系，对教师课堂的过程、方法和内容进行评价和反思，总结出的宝贵经验帮助教师"懂、透、化"教材，拓展教材的深度和广度，在今后的教学中有机融合知识与技能、过程与方法、情感态度与价值观。围绕教学能力培训。改变教学模式，不依赖机械、刻板的题海战术，展开合作学习、探究学习和启发学习等新的教学方式，提升课堂教学效益。

4. 伦理特色：倾向集体主义取向的教研备课

伦理是人与人之间关系的道理、原则和规范。只有对我国教研制度伦理的合理性进行追问，寻找教育研究失落的人文关怀和精神价值，检验和评价既定的教研成果，才能找到教研制度改革的正确方向。在意识形态方面，苏联和中国都属于社会主义国家，一直以来强调集体，并以集体主义思想为主导进行社会管理。因此，集体力量在安排教学任务及制订教学计划、教学大纲、教学框架等方面也发挥了作用，形成了教学研究共同体。偏集体主义在某些学校教研组中的体现就是集体备课。集体备课的目标高于个人，它使中国教师团体作为一个单一的实体工作，而不是作为个人的集合。为加强对教学的管理和保证教学质量，教研组要定期组织全体教师进行集体备课。偏集体主义思想一方面便于管理教师促进其专业成长，另一方面弱化了教师的主体性地位，教师的积极性有所减弱。[①]

5. 主体特色：具有多样性和动态性发展特色的教研员

"教研员"是对基础教育领域专门从事教育教学研究人员的简称，脱胎于国民政府的"视学员"和老解放区的"巡视员"，具有鲜明的中国基础教育特色。教研员是不同于教师群体的，是我国基础教育中的特殊群体，既要有学科背景以便指导教师教学，又要担负起帮助教育部门决策的任务。教研员的职能具有多样性和动态性，不是单一和一成不变的。前期由于建设基础教育的需要，教研员的职能主要围绕着"教学研究"，包括熟悉各学科教学动态和趋向、宣传教学成功经验、研究贯彻教育方针、组织编写教材、审定教材、组织教学专题研究、掌握教学改革的情况、对教师进行相关

---

① 李伟，蒋璐.我国基础教育教研制度的历程、特色与展望 [J].教学与管理，2022（19）：4.

指导和培训，以及进行中小学考试命题等。教研员致力于教学研究，最终目的是提高教育质量。后期随着新课程改革的进行，教研员职能转向了课程，教研员自身的科研意识，以及教研方法的规范化、研究化都有所加强。教研员围绕着课程，引领学科教师学习和领会教育部课程标准以及有关教育教学、课程改革等文件，努力领会国家的教育方针和宗旨，推进新课程改革的顺利进行。现今"以学生为中心"的意识逐渐深入人心，教研员职能以"学生的学"为主，为"教师的教"服务。因此，教师、教研员、专家之间展开合作，形成合力，通过专业对话、沟通和合作，共同探讨教学问题，真正指导"学生的学"和"教师的教"。

教研工作是解决课程教学改革中的实际问题、为一线教师提供专业服务和指导的基础性工作，是深化教学改革的核心环节，是促进教师专业发展的重要途径。加强教研工作，完善教研工作机制，提高教研队伍的专业服务能力，成为新时期深化课程改革、进一步推进素质教育的紧迫任务，也是教研组织不可推卸的责任和神圣使命。

二、从教研到研修

（一）教研的定位与定性

20 世纪 50 年代中期以来，我国省、市（地）、县（区）三级教研体系就已逐渐成熟。《教研工作意见》首次以文件的形式明确提出"五级教研体系"，体现在从"顶天"到"立地"的全系统构建。"顶天"是指第一次以文件形式正式明确了教育部基础教育课程教材发展中心在全国教研工作体系中的指导地位。2012 年首届全国教研系统负责人联席工作会议，建立年度例会制度，以基础教育二司为行政领导单位，以课程中心为业务指导机构，以各级教研机构为工作主体的教研工作系统基本建立。《教研工作意见》对此以正式文件的形式加以确定，从而彻底解决了教研系统俗称的国家层面"没有娘家"的问题。"立地"是指文件在第二章"完善教研工作体系"专列第五条"强化校本教研"，将校本教研纳入教研工作体系中。

定位，就是既隶属于行政又区别于行政，是行政领导下的事业单位，全国范围看，其编制主要在部、厅、局内，而其身份并非公务员，基本在教师序列，这就意味着教研组织位于行政序列与专业技术序列的交叉处。定性，是指作为行政的"助手"，"配合行政部门"履行教学研究、指导与服务等职能。所谓的"……等职能"，并非指"等外"的职能，而是能够为"教学研究、指导与服务"所扩展或细化的诸如"教材编写""教材实验""教学质量监测""教师培训"，等等。教研机构的特殊定位与定性，使教研机构与教育行政职能部门成为基础教育的"两翼""双轮"，"二者缺一不可"。①

从定位的角度说，因为隶属于行政，只是基本解决了"有位才

---

① 杨九诠. 中国教研体系的定位与定性 [J]. 教育发展研究，2022，42（08）：10-19.

能有为"的问题。从定性的角度说，毕竟又不是行政，而主要依靠专业力量的发挥与运作，其权力必须主要通过专业来吸纳、配置和转化，这就意味着作为组织和机构也就始终存在着"有为才能有位"的挑战。正是缘此种种，教研的定位与定性总是处在模糊不清、狐疑不定中，出现了异化、泛化、外化等情况。异化，是价值沦陷问题；泛化，是专业驳蚀问题；外化，是身份模糊问题。[①]《中华人民共和国职业分类大典（2015 年版）》并没有教研员的职业，实际工作中教研员的身份主要还是在教师序列。究明教研体系的定位与定性，有助于我们厘清和确认教研员的身份，从而从根本上避免教研工作在"既是……又是……"与"既不是……又不是……"之间沉浮漂移。

进入新课改以来，以课程改革、学生发展为中心的教研工作思路逐渐取代了以教材、考试和经验为中心的思路。需要指出的是，教研工作转型并不意味着教研定位与定性的改弦易辙。2009 年崔允漷在《论教研室的定位与教研员的专业发展》一文中，比较早地对教研工作转型问题作了较为全面、深刻和准确的讨论。崔允漷指出，随着形势和条件的变化，"教研室应该成为地区课程发展中心，承担参与决策、专业引领与质量监测的角色；教研员应该成为专业的课程领导者，教研工作的重心需要从执行教学政策走向发展地方课程政策"。

正如学者杨九诠所言，教研工作的转型，需要纳入教育治理体

---

① 杨九诠 . 中国教研体系的定位与定性 [J]. 教育发展研究，2022，42（08）：15.

系与治理能力现代化的框架内加以思考和推进，从而能够在治理的视阈促进教研定位与定性的结构性体系的整体转型。《教研工作意见》将"校本教研"纳入五级教研体系中，并且强调"市、县级教研机构要重心下移""指导学校和教师加强校本教研"，已经体现出教研整体转型的这一要求。将"校本教研"纳入五级教研体系并不是简单的"4+1"的延长与补全。需要注意的是，第五级"校本教研"，并没有一个大小相似形的"行政机关—教研机构"来承接第四级，而是具有相对独立性的"学校—校本教研"形态。"学校—校本教研"这一组织形态的进入，启发我们进一步准确理解和把握中国教研的定位与定性，同时也对新时期教研工作转型发挥着某种定义功能。关于前者，五级教研体系的第一级到第四级，分别有教研主体与所隶属的行政，行政一条线是行政权力的领导与被领导的关系，教研一条线是业务/专业的指导与接受指导的关系。将"校本教研"纳入其里的五级教研体系，有一条统摄性的红线，即建立国家课程—地方课程—学校课程的"新的基础教育课程体系"，这是 1999 年《中共中央关于全面深化改革若干重大问题的决定》正式提出的并在新世纪基础教育课程改革中大力实施的重点领域。国家课程—地方课程—学校课程，是从课程组织核心的角度划分的，与五级教研工作体系有着纵向平行的关系，其中前者对后者具有统摄地位。"治理体系与治理能力的现代化说到底是从过去的控制式思维（垂直式管理）向协调式思维（横向式治理）的转变。"两条纵向平行线，由于区别于行政"领导"的教研之"指导"，以及地方课程与学校课程的主体地位，已经体现了"横向式治理"的"协调式思维"，也就是说，扁平化组织嵌入科层制组织。需要指出的是，"横向式"并不拒绝"纵向式"，"扁平化"并不拒绝"科层制"。"校本教研"正式纳入五级教研体系，启发也是促使我们必须以治理的理念推进教研的整体转型。

"有位才能有为"，"有为才能有位"。"位而为"是行政逻辑，"为而位"则是教研逻辑。教研转型之"有为"，要求教研体系及其成员建立先进的治理理念，改变陈旧的工作方式，变"非官非民"为"亦官亦民"，形成与教育治理现代化合辙的运行模式、能力结构和心智模式。教研转型之"有为"，要在"服务"行政与"指导"教学的结合处，积极摄取和配置各类各级资源，尤其是"重心下移，深入学校、课堂、教师、学生之中"，充分吸纳基层学校尤其是广大教师的意见和建议、经验和智慧，从而使落脚在"校本教研"的五级教研体系成为新的、连续的制度表达。[①]

科研转型是国家权力回归社会的民主化进程，也是教育治理体系与治理能力现代化的过程。教育治理变迁是整体性的。只是他们很大程度上将"行政"与"专业"、"国家系统"与"公共场域"割裂而置为反对关系。新公共行政理论"主张政府工作的中心由政府内部转向外部关系"，而"作为公共行政的治理的第一个和最明确的含义是：它包括了参与公共活动的各种类型的组织和机构"。教研机构隶属于行政，而成员的身份并非公务员，教研工作"重心下移，深入学校、课堂、教师、学生之中""强化校本教研"，不正

---

① 杨九诠. 中国教研体系的定位与定性 [J]. 教育发展研究，2022，42（08）：18.

是以某种程度的外部特征推动着"政府工作的中心"向社会的转移吗？教研体系的成员包括校本教研的一线教师，不正是在某种意义上类似"社会本身的负责勤务员"吗？一方面，教育治理现代化进程给教研转型提供了条件；另一方面，教研转型也给教育治理现代化进程提供了条件。教研既隶属于行政又区别于行政的专业组织的制度设置，在单一的官僚制体系的观照中，其定位与定性时常招致模糊不清、血气未定的境遇。但是，从教育治理体系与治理能力现代化的视阈观之，其既隶属于行政又区别于行政的专业组织特征，其区别于"领导"的"指导"角色与功能，实际上已经或隐或显、或多或少地包含着治理因子，天然具有治理优势。推进教育治理体系和治理能力现代化，迫切需要加快教研工作的整体转型，同时教研工作的转型也因之适逢其时、正得其宜。①

（二）研修的内涵及本质

"研修"一词带有很强的东方色彩，在英文中几乎找不到与"研修"对应的词语，例如 Research 仅有调查、研究、探索之意，Training 的含义也仅仅是培训，远远不能涵括研修宽泛的内涵。在中国古代的文化中，《辞源》一书最早对"研修"一词进行了解释，所谓"研"是指学习、遵循、著作及撰写。在古汉语中，"研"有三意，其一，"磨、碾"，苏轼的和陶诗"末路益可羞，朱墨手自研"，意指古人写字时磨墨；其二，研究、研讨，《北史·马静德

---

① 杨九诠.中国教研体系的定位与定性[J].教育发展研究，2022，42（08）：18.

传》"沈思研求，昼夜不倦"，意指日以继夜地思索探求；其三，同"砚"，《后汉书·班超传》"尝辍业投笔叹曰大丈夫无它志略……安能久事笔砚间乎"。在现代汉语中，"研"的本义往往与研究相联系，指探求事物的真相、性质、规律等，或是思考和商讨意见问题，与此相近的词有研讨、研习等。汉语中的"修"的语义非常丰富，在古汉语中，"修"可以作为动词，有"装饰、修饰、修理、编纂、撰写"之意，还有"学习、研习"之意，如《礼记·学记》"君子之于学也，藏焉，修焉"。"修"可以作为形容词，有长、高之意，屈原《离骚》"路漫漫其修远兮，吾将上下而求索"。在现代汉语中，"修"用作两个方面：其一是人对物的改造，修理、修饰、修改等；其二是人自身的改造，修身、修养、修业等，其含义是指学问、品行方面的学习和锻炼等。

将"研"和"修"的语义结合起来理解，"研修就是通过思考问题、商讨意见、探求事物规律等研究性学习活动，提高人的修养"。日本也深得中国文化的精髓，也注重研修，因此，"研修"一词属于旧式中文，带着浓郁的日语痕迹，日语中甚至用"研修"一词涵盖了"进修"及"培训"等多个词汇的含义，尽管日本教育法中关于教师的研修还没有作出明确的规定，但在日本教育理论界形成普遍观点认为"研修"包括"研究"与"修养"两个层面的意思。一方面是"研究"的含义，指教师需要不断加深对学生的了解，对教育内容深入研究，探讨教育方法，以期提高自己的教育水平，更好地担负自己的教育职责。另一方面是"修养"的含义，也就是教师是教育者，需要完善自我人格，积极提升自身素质，以便更好地促进青少年人格形成，因而也是非常重要的。

在目前国内的一些关于教师专业发展的话语体系中，呈现出培训逐渐被研修替换的趋势，研修指融教研、科研、培训于一体的教师继续教育，它已然成为主流话语。

综上所述，"研"主要是指教研、科研，"修"指进修、培训，"研修"是指在教师教育中把教育研究与教师培训有机地融合在一起；研修体系则是指区域层面构建的教研、科研与培训一体化融合的教师教育系统，包括一体化融合式研修机制、课程体系、运行保障系统等内容维度。研修体系的建设旨在通过一系列高质量的教学研究以及教育科学研究，服务于教育教学，促进教师专业化发展，提高教师教育的能力，特别是解决问题的能力，能解决教育教学中的具体问题和困难，熟练应用已有的知识，并不断地提高和更新教师的专业修养，逐渐形成独立的教学风格。教师研修作为教师入职后的继续学习历程，应贯穿于教师职业生涯的各个阶段，这不仅确保教师在教学的专业性方面不断发展，提高教师教育教学质量，也是教师专业发展中重要的组成部分，其出发点和落脚点是促进教师专业发展，可以满足其终身学习的需求，促进教师在更广阔的生涯范畴和教育领域内实现自身可持续发展。

目前国内有关研修的研究，大体上主要集中在以下几类：一是探讨网络主题研修模式的实践探索与分析。二是对研修体系的探索，例如杜晓波的《改善教师研修体系促进教师专业发展》专门对构建了县域中小学教师研修体系进行了探讨；周冬祥、陈佑清的《论教师的研修学习方式》提出教师的研修学习方式主要包括基于个人专业自主发展的研修学习，基于同伴互助共同发展的研修学习，基于教师与专家互动交流的研修学习；余新以"国培计划——培训者研修项目"培训管理者研修班为例的《有效教师培训的七个关键环节》提出发挥研修主体的参与作用和全程监测与控制培训质量，取得了良好成效；孙衣云的《以"磨课"为载体的骨干教师研修模式的研究与实践》，叶小琴的《中小学心理健康教育骨干教师研修范式的实践与思考》，马福贵的《搭建"研修一体"平台促进教师专业发展》探讨了问题解决式、学科主题式和学段整合式"研修一体"的培训模式。第三种类型是对校本研修的探讨，例如王广军的《浅谈新课程背景下中学教师校本研修》对校本研修的模式进行探析，并提出具体的实施策略。还有对研修的意义和问题做的分析，例如陈楠的《教师研修应成就教师的生命价值》，钱彤的《中小学校"教师在职研修疲劳症"及应对策略》，赵紫凤、董有志的《让教师走上从事研究的幸福道路》等系列文章。钟启泉的《教师研修的模式与体制》对教师专业成长的现代课题与教师研修体制做了详尽阐释。

与"教师研修"相关的书籍有李树栋的《中小学教师继续教育模式研究与实践》、周冬祥的《校本研修理论与实务》。《校本研修理论与实务》一书中特别提及教师的研修学习方式，认为教师作为学生学习活动的组织者和指导者，必须做好"先行学习者"。转变教师的学习方式，势在必行。周小山、严先元的《教研的学问》一书中提出当前教学中存在着把质量窄化为分数的价值趋向，而教学管理中也普遍存在着单纯以通过考核目标为唯一目的，忽视激发教师内在需要，导致教师主动性严重缺失的现象。关于研修的硕士论文，例如张所倩的《以集体性促进反思——校际研修方式特征研究的一个视角》探讨了反思性研修在校际学科教学联合体中的案例研究，旨在为广大教师在校本研修中，充分发挥个人反思和集体反思的互动作用，提高校本研修的有效性提供参考和借鉴。此外，还有张青涛的《互助研修班主任专业化成长的有效途径》、严大坤的《基于知识管理的教师校本研修模型研究》等。

三、新时代研修的发展

教研制度是我国基础教育制度的重要组成部分，其自 20 世纪 50 年代初建立以来经历了初创期、发展期、挫折期、恢复期、规范期和完善期[1]，在我国基础教育教学质量提升的过程中发挥着重要作用。但伴随着我国基础教育从基本均衡向优质均衡迈进的诉求，对人才的培养提出了新的任务和要求，教研面临着新的挑战。在这一背景下，从传统教研向现代教研的转型则显得至关重要[2]。2019 年 7 月，中共中央、国务院印发《关于深化教育教学改革全面提高义务教育质量的意见》，强调要"发挥教研支撑作用"；同年 11 月，教育部印发《关于加强和改进新时代基础教育教研工作的意见》，明确提出"教研工作是保障基础教育质量的重要支撑"，

---

[1] 梁威，卢立涛，黄冬芳.中国特色基础教育教学研究制度的发展 [J].教育研究，2010，31（12）：77-82.

[2] 田慧生.从传统教研向现代教研转变 [J].人民教育，2014（22）：1.

体现了国家对基础教育教研工作的高度重视。《教研工作意见》对新时代基础教育教研的发展提供了方向指引，对新时代基础教育教研工作具有开创性、全局性和基础性意义[①]。

（一）新时代研修的实践探索

新时代基础教育研修工作为教学质量的稳步提升做出了重要贡献，主要表现在以下六个方面：一是服务教育行政决策咨询。教研机构积极协助教育行政部门研制并起草一系列有关推进课程教学改革、深化考试招生等方面的重大教育政策文件，组织开展专项课题研究，参与区域教育督导、质量监测、教师培训等多项重点工作，为教育发展薄弱地区的学校及教师建立了定期指导机制，推动教育的公平和均衡发展。二是指导学校落实五育并举。教研机构指导中小学校建立、完善促进学生德智体美劳全面发展的课程体系。三是聚焦教学关键问题解决。教研机构围绕学科核心素养在教学实践中如何转化与实施开展研究，形成各学科教学指导意见。例如，围绕基于学业质量标准的考试评价、学生综合素质评价等的研究，充分发挥考试评价对推动教育教学改革、提高学生综合素质、促进学生全面发展的重要导向作用。加强信息技术与教育教学深度融合的研究，特别是面对突发的新冠疫情，成功开展了世界上最大规模的线上教育，为抗击疫情、全面有序复学复课做出了重要贡献。四是推动教研工作科学转型。教研机构通过构建国家、省、市、县、校五

---

① 何成刚.坚持、完善和发展中国特色基础教育教研制度——《关于加强和改进新时代基础教育教研工作的意见》解读[J].基础教育课程，2020（01）：21-27.

级教研体系，形成了职责明确、密切配合、协作研究、共同发展的教研工作新格局。五是促进教研队伍专业发展。教研机构制定教研队伍建设方案，明确教研员遴选标准，加强教研员队伍的规范化管理。研制教研员专业标准，强化教研工作的专业性，推动教研队伍高质量建设。六是涌现大量优秀教研成果。教研机构带领广大教师组织开展基于问题解决的教学研究，形成具有指导意义的思路对策和具有实践价值的经验成果。①

面对新时代教育改革发展的新形势，各地研修工作在诸多方面还存在着一些不适应的矛盾点，研修工作面临以下突出困难和挑战：一是工作定位有待明确。一些地方对教研工作定位不准，出现了一些不良现象。教研机构承担了与教研工作不一致的任务，使其过多地聚焦行政管理，忽视了对学校教育教学工作的指导，导致工作重心偏移；教研工作多聚焦在区域试卷命制、考试成绩提升上，忽视了对课程方案和课标理念要求转化落地的研究和指导；教研工作聚焦在部分学校，缺乏全局视野和整体质量观，如注重对传统名校强校的指导服务，忽视对发展薄弱学校的指导服务。二是管理体制有待理畅。近些年，一些地方因领导不力、重视不够或机构合并等因素使得教研工作管理体制不顺畅，教研工作存在被弱化和边缘化的现象。个别地区教研体系内部难以形成工作合力，影响了专业职能发挥。全国各级教研系统亟须形成教研工作整体规划和推进工作的"一盘棋"格局。三是能力水平有待提高。许多地区教研机构

---

① 刘莹，何成刚.新时代基础教育教研工作：历史贡献、困难挑战与思路对策 [J].天津师范大学学报（基础教育版），2022，23（03）：24-25.

的研究水平还不够高、指导能力还不够强、服务质量还不到位。工作任务方面，关于德育、体育、美育、劳动教育的教学研究重视不够，成为教研工作的短板弱项。指导方式方面，简单的听评课和考试复习指导在不少地方占主流，创新性和丰富性不够；另外，对校本教研缺乏有效指导，校本教研呈现虚化、弱化和形式化的倾向，整体质量不高。长期以来，教研工作更多依靠教研员的个人经验而非基于问题的科学研究，亟须从注重传统案例分析和经验总结，向基于实证研究的问题解决转变。四是队伍建设有待加强。许多地方教研队伍不但在数量上严重缺乏，而且存在结构严重不合理现象。根据教育部课程教材中心的调研，约有三万教研员编制未用到教研工作[1]。音、体、美教研员普遍缺乏。教研员老龄化现象凸显以及缺乏定向支持教研员专业发展的制度和机制安排，导致一些地区教研员难以胜任工作挑战。此外，教研员管理制度不完善，待遇水平较为落后，导致教研岗位难以吸纳到优秀人才。五是条件保障有待提升。一些教研机构的工作经费严重缺乏，支持教研活动开展的办公设施设备严重不足，导致一些有利于转变教师观念、有利于提升教师教学能力的好想法、好计划和好活动无法有效开展。同时，由于没有单独编列足额的教研预算，各地教研机构普遍缺乏研究经费，导致无法开展重大项目和课题研究，制约了教研工作的深度和宽度。

---

[1] 刘莹，何成刚 . 新时代基础教育教研工作：历史贡献、困难挑战与思路对策 [J]. 天津师范大学学报（基础教育版），2022，23（03）：26.

（二）新时代研修的发展方向

2021 年 7 月，中共中央办公厅　国务院办公厅颁布《关于进一步减轻义务教育阶段学生作业负担和校外培训负担的意见》，提出"减负提质"关键是回归学校课堂立德树人主阵地，而师德高尚、敬业乐群、专业深厚高水平教师则是高质量教育发展的关键所在。"双减"从减轻学生负担，促进学生健康成长角度给出了学校高质量发展中"怎么培养人"的育人底线。2022 年义务教育阶段新课程方案、课程标准提出的以核心素养为导向的课程改革要求，从"培养什么样的人"的角度明确了学校高质量发展的育人方向，即新时代学校的高质量发展迫切需要走"减轻学生负担，重视学生素养发展"的内涵发展之路。新时代对人才培养的新要求，对原有的研修发展模式也提出了新的要求，这就需要把握新时代背景下基础教育研修的发展方向。

1. 指向全面育人

随着立德树人作为我国教育根本任务的提出，诉诸"整体育人"的教研功能越来越凸显。走向"整体育人"的教研有两层含义：一是教研要从学科教学走向学科育人；二是教研要加强德育体育美育劳育的教研。[①] 从"学科教学"走向"学科育人"的描述，是为了突出教研的最终指向是在促进学生发展这一"育人"行为上，而非停留在不顾一切追求质量的"教学"上。这一转变则需要

---

① 曾文静，徐昌 . 新时代我国基础教育教研发展的方向 [J]. 教学与管理，2021（24）：3.

认识到学科在育人方面的价值。但值得注意的是，由关注"知识传授"走向"整体育人"并不意味着要忽视、摒弃教学过程中传授给学生知识这一重要目的。学生能力的提高是建立在获取知识这一基础之上的，知识是提高学生解决问题能力、落实学科核心素养的核心载体，不能陷入"轻视知识"这一误区。《教研工作的意见》指出，要"突出全面育人研究"，要"聚焦构建德智体美劳全面培养的教育体系，健全立德树人落实机制，围绕如何突出德育实效、提升智育水平、强化体育锻炼、增强美育熏陶、加强劳动教育等方面重点问题"。但是以往的教研主要聚焦在考试学科上的教研，只重视"智育"上的研究，对于如何更好地开展德育体育美育劳育的关注较少。如何才能更好地开展德体美劳四育教研仍是一个巨大的难题，需要在加强和改进德体美劳四育教研的基础上，走向五育并举的整体教研。

2. "学"研与"教"研并举

《教研工作意见》对研究学生的学有了明确的指向，明确将"服务学生全面发展，深入研究学生学习和成长规律，提高学生综合素质"作为我国新时代基础教育教研工作的主要任务之一。建成服务全民终身学习的现代教育体系是我国教育 2035 年发展目标，教研中"研究学生的学"价值取向的突出有助于为这一发展目标的实现助力。此外，《关于深化教育教学改革全面提高义务教育质量的意见》提出需要"精准分析学情，重视差异化教学和个别教学"，从中可以看出对学生个性化发展需求的重视。学生个性化发展的实现必须是建立在学生的个性化发展的需求与困境分析的基础上，因此研"学"已成为教研发展不可忽视的要求。同时，《教研工作意见》指出需要"加强对课程、教学、作业和考试评价等育人关键环节研究"，比如具体指出了需要"加强综合性和实践性教学研究，指导学校和教师不断创新教学组织形式和教育教学方式。加强作业设计研究，指导学校和教师完善作业调控机制，创新作业方式，提升作业设计水平。加强考试评价改革研究……"对教师教学组织形式、教学方式、作业设计等在新时代教学中有了新要求。可见，新时代基础教育教研依旧需要重视研究教师的"教"，"学"研和"教"研都是实现促进学生发展的有力载体。而且，新时期尤其需要加强教师的教学评价环节的研究。因为评价是我国基础教育改革较为薄弱的环节，应加强对教学评价内容、方式、手段、结果反馈等研究。由此可见，新时代教研的价值取向由原来的注重研究教师的教走向共同关注学生的学与教师的教。"学"研与"教"研并举有两层意蕴：一是蕴含研究学生的学是新时代教研与以往相比的一个突出取向；二是蕴含新时代教研也并不忽视研究教师的教，反而研究教师的教在新时代背景下有了新的内涵变化。[1]

3. 新课标引领下的一体化教研

在课程改革政策的指引下，教研职能出现了"课程化"转型[2]。《教研工作的意见》明晰了教研的工作职责之一是要指导学校和教师"形成在课程目标引领下的备、教、学、评一体化的教学格局"，

---

[1] 曾文静，徐昌. 新时代我国基础教育教研发展的方向 [J]. 教学与管理，2021（24）：2.

[2] 漆涛，胡惠闵. 基础教育教研职能变迁 70 年的回顾与反思——兼论教学研究的概念演化 [J]. 课程·教材·教法，2019，39（09）：79-87.

指出了需要加强国家课程、地方课程和校本课程的研究。可见，我国基础教育教研内容定位逐渐转变，我国的教研系统的定位不局限于课堂教学，拓展为面向整个课程[①]。以课程为中心的教研其实是强调教研不仅仅是对课堂教学的细节问题做一些技术性指导，不能只局限于该节课涉及的具体知识点，而应放在学科课程的整体结构下去探索[②]，关注目标—内容—实施—评价一体化的教研，不仅关注"教什么"和"怎么教"，更要关注"为什么教"和"教到什么程度"。教研的工作职责之一是要指导学校和教师形成在新课程目标引领下的备、教、学、评一体化的教学格局。因此，新时代把握以"课程"为中心的教研方向，需要加强基于新课程标准的教学设计，增强教学的整体性、系统性，才能更好地为基础教育课程的改革和发展发挥较大的支撑作用。[③]

4. 协同教研的机制创新

《教研工作意见》指出："教研机构要加强与中小学校、高等学校、科研院所、教师培训、考试评价、电化教育、教育装备等单位的协作，形成以教育行政部门为主导、教研机构为主体、中小学校为基地、相关单位通力协作的教研工作新格局。"具体来说，我国基础教育教研从自主走向协同体现在：从学科内的自主教研拓展到学科间的协同教研，从学校内的自主教研走向跨学校的协同教研，

---

① 林静，刘月霞．中国教研的新形势与新任务 [J]．中国教师，2014（01）：15-18.
② 田慧生．向"大教研"转型 [J]．人民教育，2016（20）：14-19.
③ 曾文静，徐昌．新时代我国基础教育教研发展的方向 [J]．教学与管理，2021（24）：
　　2-3.

从教研组织的自主教研走向加强与高校、科研机构合作的协同教研①。首先，开展学科间的协同教研体现了课程综合化发展的时代需求。《关于深化教育教学改革全面提高义务教育质量的意见》提出要"完善综合教研制度"。随着核心素养的提出，建设有益于学生核心素养培育的课程体系是课程领域中的重要议题。因此，增强学科课程的整合性成为了支撑核心素养有效落实的重要途径，需要我们打破学科壁垒，实现由单科教研向学科协同教研转变②。但是，强调学科间的协同教研并不能弱化学科内的教研。其次，走向跨学校的协同教研是促进我国基础教育均衡发展的重要趋势。《教研工作意见》指出要"建立教研员乡村学校、薄弱学校联系点制度"。因此，学校之间的协同教研应成为三级教研组织下的"新型教研系统"，是充分利用优质学校的资源改进薄弱学校教学质量的重要路径。最后，《关于深化教育教学改革全面提高义务教育质量的意见》提及要"鼓励高等学校、科研机构等参与教育教学研究与改革工作"。但是高校专家并未作为支撑中小学教研活动开展的主力军，尤其是在学校层级下的教研活动开展上更为突出。因此，新时代需要从教研组织的自主教研走向与高校、科研机构合作开展的协同教研。

5. 线上线下相结合的混合式研修

《教研工作意见》提出要"积极探索信息技术背景下的教研模式改革"。伴随着信息技术的发展、"互联网＋"时代的来临，教研

---

① 曾文静，徐昌. 新时代我国基础教育教研发展的方向 [J]. 教学与管理，2021（24）：4.
② 任学宝. 以教研促进课改政策的转化和落实 [J]. 人民教育，2016（20）：24-27.

的场域也有了新的变化，可以实现从线下教研到在线教研方式的转变。2018 年中共中央、国务院《关于全面深化新时代教师队伍建设改革的意见》明确指出："转变培训方式，推动信息技术与教师培训的有机融合，实行线上线下相结合的混合式研修。"新冠疫情的突发，在线教研不可避免地进入大家的视野。因此加强面向"互联网 +"、实现线上线下相结合的教研也成为新时代我国基础教育教研发展的未来方向。在线教研具有便捷性、开放性、资源共享性的特点，能够在更深更广的范围深层次实现多元化、开放化教研活动，不同的教研主体可以在相同的教育平台上进行跨区域、跨单位的网上教研①。线上教研能给予薄弱学校教研有力的支撑。此外，加强学校之间的协同教研是我国教研的一大方向，但是在实践中由于教师教学任务繁重、时间紧迫等原因，线下协同教研较为不便，线上教研则成为开展协同教研的重要方式。从线下教研走向线上教研并形成混合式教研需要综合考虑教研的问题以及不同方式的优势与不足，在此基础上才能发挥混合式教研的独特功能。②

6. 完善教研员队伍建设

《教研工作意见》提出了教研员准入的基本条件，是各地选用教研员的及格线，达不到要求的不能进入教研机构。各地要从实际出发，从政治站位、专业素养、研究能力、服务精神等方面进一步明确各级教研员准入条件，创造条件按学段配齐所有学科专职教

---

① 朱春晓 . 互联网 + 背景下协同共享教研文化形成的研究 [J]. 教学与管理，2020（15）：50-53.

② 曾文静，徐昌 . 新时代我国基础教育教研发展的方向 [J]. 教学与管理，2021（24）：5.

研员，进一步优化教研员队伍年龄结构，落实教研员激励和退出机制。同时，也要进一步重视教研队伍专业发展，通过组织实施教研员专项培训，鼓励教研员定期深入教学一线执教公开课、研究课和示范课等方式促进能力提升。

第二章　理论基础：教师发展与组织管理

一、教师专业发展理论

对教师和教师教育的关注由来已久，30 多年来，伴随社会分工的细化和对教育的日渐重视，教师专业发展在 20 世纪 80 年代以来日趋成为人们关注的焦点。[①]梳理西方教师专业发展的历史演变，可发现其发展大体经历了无专业化概念时期—专业化概念萌芽时期—专业化实践时期三个阶段。作为一个学术概念来讨论，也是 20 世纪 60 年代之后的事情了。西方学术界最初提出教师专业化的概念，其目的是提高教师群体的社会地位。正如罗杰·索德所言，专业化职业、专业主义、专业化等概念都属于社会概念，它们

---

① 1980 年，以"教师专业发展"为主题的世界教育年鉴的出版，标志着以教师个体为主的专业发展成为关键。以美国为例，1985 年 5 月，卡内基教育与经济论坛发布名为《准备充分的国家：为 21 世纪培养教师》的报告，着重强调了专业化的问题。同时，全美教育协会和美国教师联盟宣布了旨在使教学职业专业化的重大计划。1986年，霍姆斯研究小组发表题为《明日之教师》的报告，关注教学行业成为专业化职业的问题。

的含义只不过是某一特定时期的特定文化内，某一群体可能想要它们传达的意思。这些概念不可能，至少不应该被具体化。但是，罗杰·索德认为我们可以从这些概念中推测其社会含义，即成为专业化职业成员是人们十分向往和羡慕的身份地位之一，希望是广受欢迎的杰出人物。当然，大多数人在理解该概念时掺杂进了自己对名誉、较高社会地位以及丰厚酬劳（包括金钱和其他方面的奖励）的看法。[①] 伴随时代的发展，人们从对教师群体专业化的关注转向对教师个体专业化的关注，从对外部社会环境和专业地位的关注转向对内在素质的关注，从教师个体被动的专业化（职称晋升和相关荣誉、经济利益等）转向个体主动的专业化（内在专业素质的提高和专业实践的改进等）。[②]

（一）横向层面的内在结构

以往对教师专业结构的研究主要是两方面：一是对专业特质的研究，二是对教师素质的研究。前者主要是从一般性的、专业的角度来考虑，适用于作为专业人员群体所应具有的特质；后者主要是从对教师的素质要求或优秀教师所具备素质角度展开。[③]

白益民等综合相关学者的研究，从教师专业发展角度，认为教师专业发展的内在结构应该涵盖教育信念、专业知识和能力、专业

---

① ［美］约翰·古德莱德，罗杰·索德，肯尼思·A.斯罗特尼克.提升教师的教育境界：教学的道德尺度 [M].汪菊，译.北京：教育科学出版社，2012：38.

② 美国学者杰克逊（Jackson，P.W.）将教师被动专业化称为教师发展的"缺陷观"，认为应该提倡教师主动专业化的"成长观"，在反思实践中获得专业成长。教师个体主动专业化的实现，与教师在课程研究中地位和作用密切相关，先后经历了"教师即研究者""行动研究者""解放性行动研究者"等不同观点的影响阶段，使得教师由近代技术熟练者范式向现代反思性实践者转化。

③ 叶澜，等.教师角色与教师发展新探 [M].北京：教育科学出版社，2001：229.

态度和动机、专业发展意识几个层面。[①] 在教育信念方面，从宏观而言，包括教育观、学生观、教育活动观；从微观而言，包括有关学习者和学习的信念、教学的、学科的、学会教学的和关于自我和教学作用的等。在专业知识方面，主要强调教师的个人实践知识。在专业能力方面，主要包括一般能力（智力）和专业特殊能力（与教师教学实践直接相联系的，如语言表达、组织和学科教学能力等；教育科研能力）。在专业态度和动机方面，主要涉及教师职业理想、对教师专业的热爱程度（态度）、工作的积极性能否维持（专业动机）、某种程度的专业动机能否继续（职业满意度）。在自我专业发展需要和意识方面，主要强调教师个体的内在主观动力。

值得一提的是，朱小蔓在 20 世纪 90 年代就系统分析了国际师范教育实践的六种范式变迁（知识论范式、能力范式、情感范式或人格范式、建构论范式、批判论范式、反思论范式），并对受近现代工业文明和科技文明浸染，将专业化简单理解为知识化、学科化、理论化、工具化、技术化等倾向进行了批判，她认为教师专业成长的总体价值取向应该归结为教师人文精神，人本主义、人文精神、人的发展理论应当成为教师专业化的灵魂与核心，具体而言，应该包括四大系统：观念系统、知识系统、伦理系统、心理人格系统。[②]

（二）纵向层面的发展阶段

20 世纪 60 年代，对教师职业生涯的研究很少，到了 70 年代

---

① 叶澜，等 . 教师角色与教师发展新探 [M]. 北京：教育科学出版社，2001：229.
② 朱小蔓 . 关注心灵成长的教育——道德与情感教育的哲思 [M]. 北京：北京师范大学出版社，2012：410、413.

逐渐增多。国内外的研究大致可分为四个类型：一是按照年龄或教龄划分的教师生涯周期论，以彼得森、赛克斯的年龄划分，恩瑞和特纳、纽曼和伯顿①的教龄划分为代表；二是按照专业成熟的教师生涯阶段论，以富勒的关注水平阶段理论、高瑞克的教师生涯四阶段论、麦克唐纳的教师生涯四阶段论、冯克的教师生涯七阶段论、休伯曼的教师生涯五阶段论②为代表；三是按照社会系统论的教师生涯循环论，以费斯勒③为代表；四是自我更新的实现论，以斯蒂菲的六阶段论、国内白益民的"自我更新"五阶段论、申继亮的四阶段论④为代表。中国从 20 世纪 90 年代起，对教师专业发展的阶

---

① 彼得森按照年龄分为三个阶段：20—40 岁为职业发展期，40—55 岁为最理想的职业绩效期，55 岁至退休为职业维持期或终结期；赛克斯用生活史的方法将教师生涯分为五个阶段：21—28 岁的进入成人世界，30 岁的变迁，33—40 岁的定位，40—50 岁进入行政领导层，50—55 岁的准备退休；恩瑞和特纳按照教龄将教师生涯分为三个阶段：教龄 1—6 年的初始教学期，教龄 6—15 年的建构安全期，教龄 15 年以上的成熟期；纽曼以 10 年为周期将资深教师生涯划分为三个阶段，伯顿以早期和中期有经验的教师为对象划分为存活期（从教第 1 年）、调整期（从教第 2—4 年）、成熟期（从教 5 年以上）。详见朱旭东主编.教师专业发展理论研究 [M].北京：北京师范大学出版社，2011：299-303.

② 富勒的关注水平四阶段论：教学前关注、关注生存、关注教学情境、关注学生；高瑞克的四阶段论：形成期、成长期、成熟期、专业全能期；麦克唐纳的四阶段论：转换阶段、探索阶段、发明试验阶段、专业的教学阶段；冯克的四阶段论：前专业，起步、成长为专业工作者，最佳专业水准，自我和专业的再定向、专业再发展，消退；休伯曼的五阶段论：生涯进入期、稳定期、试验与再评估期、平淡和保守主义期、清闲期。详见朱旭东主编.教师专业发展理论研究 [M].北京：北京师范大学出版社，2011：304-309.

③ 费斯勒运用社会系统论，将教师生涯发展分为八个阶段：职前期、职初期、能力建构期、热情与成长期、职业挫折期、职业稳定期、职业消退期、职业离岗期。详见朱旭东主编.教师专业发展理论研究 [M].北京：北京师范大学出版社，2011：311-312.

④ 斯蒂菲的六阶段论：新手阶段、实习阶段、专业阶段、专家阶段、杰出阶段、荣誉退休阶段；白益民的"自我更新"五阶段论：非关注、虚拟关注、生存关注、任务关注、自我更新；申继亮的四阶段论：学徒或熟悉教学阶段、成长或个体经验积累阶段、反思和理论认识期、学者期。详见朱旭东主编.教师专业发展理论研究 [M].北京：北京师范大学出版社，2011：314-317.

段及各阶段的特征、外部环境和内在动因等作了相应的实证调查，总的来说，人们一般采用职前期（师范教育）—模仿期（1—3年，新手教师）—独立期（3—4年，经验型教师）—成熟期（5—6年，骨干教师）—创造期（8—10年，专家型教师）五段论。[①]

这些研究框架各有侧重，从不同角度反映了教师专业发展与其他相关要素之间的复杂的互动关系。这些研究多数较关心职业变换过程的关键点，而对于教师个体的实践性知识不甚关心，因为国外职业变换是经常的，而中国教师基本上是"铁饭碗"。[②] 此外，这些框架的最大缺陷在于对"阶段"的理解只不过是一种概念框架，远离教师个体的真实职业生活。这启示我们对教师的研究要立足教师个体本身，直面教师的职业生活而不是外求其他。无论是哪种发展理论，都试图在说明教师生涯要经历"适应—胜任—成熟—更新"这样的发展阶段，只不过是各有侧重。

1. 适应阶段

每个师范生从师范学校毕业，从学生成为正式教师，从学习者成为教育者，从理论的学习到实践的初涉，从关注自身的发展到关注学生的发展，这一系列的转换必然使得"新手教师"有个适应的过程。适应与否，适应期的长与短，取决于诸多因素，最为关键的还是"新手教师"个体的能动性及内在的素质。优秀教师需要一年左右的时间，一般教师则需要三年左右或更长的时间。

---

① 朱小蔓.中国教师新百科（小学教育卷）[M].北京：中国大百科全书出版社，2002：223.
② 叶澜，等.教师角色与教师发展新探[M].北京：教育科学出版社，2001：266.

对于这一时期的特点，许多发展理论都做了阐释，主要特点可以概括为"骤变与适应""冲击与碰撞"。所谓"骤变"主要是因为环境转换而带来的角色转变，"成为"教师在刹那间变为现实，虽然为之做了多年的"学生/学徒"，但当真正面对课堂、与学生相遇的时候，还是感觉底气不足，觉得自己没有准备好，需要适应。所谓"冲击与碰撞"主要是因为在"现场"中，原先"虚拟"的美好憧憬与想象遭遇"现实"的"真实"，从整体上颇感"震撼"。例如，入职前教师与学生关系的美好憧憬和教职意向会在教育现场受到严峻考验。对于新手教师而言，面对这些境况既是危机也是转机，全看个体的主观能动性。

在适应期，教师关注的主要是生存问题，即如何适应学校环境，让自己生存下来。作为刚刚进入职场的新人，教师要在职场中探索成人生活的各种可能性，构建自己的生活结构，以成人的心态建构自己的经验。对于专业发展而言，这一时期主要集中在专业态度和动机方面，尚难以过多顾及专业知识与能力。有调查表明，新手教师面对的比较棘手的问题往往集中在"课堂纪律、激发学生动机、处理个别差异、评价学生作业、与家长关系"。[1] 而这些恰恰说明了这一时期是教师专业发展的关键期，需要正确的引导，否则会走许多弯路。在教育信念方面，许多教师在职前建构起的美好的理论假设，在现实中遭遇到了挫折，使得他们被迫因遭遇困难而作出让步、妥协。在教学观方面，认为教学只是一种知识传递过程，

---

[1] 叶澜，等.教师角色与教师发展新探 [M].北京：教育科学出版社，2001：292.

这一时期的知识、能力都是围绕如何更好传递知识建构的。因为刚接触教育教学实际，教师难以将职前的经验与现实的教学实际联系起来，反思理论、实践及其关系，克服教学实践的不适应。因此，教师与学生的日常交流、经验丰富老教师的建议、适当的入职培训等，对于适应期教师尽快度过"危机"具有重要作用。

2. 胜任阶段

度过了艰难的适应期，他们需要反思：我为什么要做教师？怎样才能做好教师？如果说适应期的磨合已经使得教师对"我为什么要做教师"有了自己的认识，那么在适应期之后，他们开始思考"我怎样才能做好教师"，进入到专业发展的"发展"阶段。怎样才能做好教师？毫无疑问，一种答案是提高教学质量，从适应期的维持班级秩序到发展期的关心教学、更好地胜任教学，为教育实践殚精竭虑，尝试建立自己的教育实践智慧。此外，开始分担一些学校事务，这些都是在不同方面支持学生。有研究认为，胜任期以教师自我认知为主轴，探索自己的教学特色，支持学生的学习和成长，这是成为专家的重要阶段。[①]对于一般教师而言，胜任阶段需要4—5年，优秀教师所需的时间可能会短一些，关键是教师能否在这一阶段建立起对教育教学的胜任感，这需要一定时间的积累。

在胜任期，教师已不再关注自己的生存问题，也不再怀疑自己是否"入错了行"，而是潜心教学，把时间和精力集中到对教学的关注上。如何提高教学质量，或者如何提高学生的成绩，成为这一

---

① [日]秋田喜代美，佐藤学. 新时代的教师[M].陈静静，译.北京：教育科学出版社，2013：73.

时期的主要关注点。因此，很多教师潜心研究自己的教学，开发设计自己的课堂，钻研学科的专业知识，发展自己的教学技能，乐于参与各种专业发展活动，提升自己的教学能力。在这一时期，我们看到的优秀教师形象不是适应期的彷徨、焦虑，而是一种积极、主动、不断探索、充满活力的学习者的形象。当然，这种学习者形象还是基于问题的解决，还受制于其他外在评价的影响。这一时期，教师的专业态度较为积极、稳定。专业学科知识和一般教学法知识成为发展重点，大学期间学到的专业学科知识与教材蕴含的知识不存在对应关系，需要教师个人经验涉入内化。教师自我专业发展意识还比较脆弱，究其原因，是经过适应期之后，教师对自己的职业有了全面的认识，他们会为教师地位不高而感到失望，会为长期、平淡、重复的教学而心生厌倦，会为职业发展阶梯漫长、艰辛而失去信心，会为自己的想法、观念得不到认同且难以落实而失去进取心，进而敷衍塞责，维持教学而不再探寻。

在胜任期，教师因为关注教学使得自己的教学能力得到提升，获得一定的"胜任感""确定感"和"从容感"。所谓"胜任感"，即教师能够很好地胜任教学，不仅仅关注课堂的管理，而且关注课堂教学质量的提升。所谓"确定感"，即教师经过全力与学生互动的适应期的考验，能够在较大的社会情境中确认自己工作的意义，会直面"自己为什么要成为教师"这一自我认知问题。这一问题会持续职业生涯，对于教师成长转折起到重要作用，影响他们日后职业生活的轨迹。所谓"从容感"，即教师经过了适应期的经验积累，能够从容面对教育教学中的某些问题，即使紧张不安也可以胜任。

但是，胜任期也并不轻松，虽然没有适应期的危机感，但也是"风险期"，会伴随很多不确定性，伴随很多紧张和不安。教师正是在一次次解决这些问题的过程中，历经情感的波荡起伏，逐渐走向成熟期。

3. 成熟阶段

经过适应期和胜任期之后，教师的专业发展逐渐趋于成熟。所谓成熟，也只是相对适应期和胜任期而言，没有绝对的标准。但是，仅就教师个体发展而言，此时教师已不再依赖外界的评价而是从自身成长的内在需求出发，去反思自己的教育教学实践，提升自己的教育教学能力，目的是让学生得到更好的发展。因此，这一时期教师专业发展的关注不在教学而在学生，或者说关注教学的目的或动机是为了学生的发展。围绕学生的发展，教师已经形成了个体的教育哲学观，对教育本质、教育目的和教育价值等教育的根本问题有了自己的见解和看法。经过多年的经验积累和反思实践，教师已逐渐形成了个体的实践知识，能够基于自我经验去整合、拓展学科专业知识。基于个体的教育哲学观和实践知识，教师的能力得到了极大的提升，能够从容面对并解决教育教学中的复杂问题。此时，历经磨炼，教师的"情感—人格"得以形成，能够更好地支持教师的专业发展。正是从这种意义上说教师"成熟"了。

然而，成熟期的教师并不意味着可以"高枕无忧"。他们的生命大多处于中年期，面临着中年期的危机：在校内，他们走向管理岗位，行政事务缠身，使得自己作为教师在教学中培养起来的自我认同变得模糊。① 这可能会使得自我培养与发展中断，也无法担任起对其他教师的培养。要面对这个危机，就要在心中建立自我认知，在追求专业性的同时，以教师的身份生活，也是人生的一种形式。同时，他们要面对更多的两难困境，给他们带来沉重的精神负担。如升学考试的矛盾、对每位学生关注与完成固定课程的矛盾、希望花心思准备课但因事务繁多准备时间不充分的矛盾、专业需要提升却因工作异常繁忙使得专业提升的机会得不到保障的矛盾等。在校外，身处中年的教师特别是女教师要面对生产、育儿、赡养父母等问题，负担比较重，难以平衡。

4. 更新阶段

如上所述，教师发展无止境，正所谓"生有涯而学无涯"，成熟期并不是真正的"成熟"，还有待不断地自我循环、自我实现、自我更新。教师需要勇于面对自己的过往，以专业发展为指向，对遇到的问题予以全面、整体的反思。这种反思指向教师专业发展，是内在取向的，内部专业结构的成长和改进，而不是外在的阶梯指向，将工作看作职业阶梯的攀升，通过一系列等级机制获得进展和职业升迁。

每个教师大致都要经过这样的发展阶段，但是由于每个教师个体的自我成长经历不同，这样的发展阶段也不尽然能够适合每个个体。已有的这些框架的最大缺陷在于，对阶段的理解只不过是一种概念框架，远离教师个体的真实情况，只能作为参考。这启示我们

---

① [日]秋田喜代美，佐藤学. 新时代的教师 [M]. 陈静静，译. 北京：教育科学出版社，2013：80.

对教师的研究要立足教师个体自身的成长实际，而不是外求其他。正是基于这样的判断，本研究对优秀教师的职业生活史的考察，都是基于他们个体的成长经历，他们的发展阶段由他们自己"命名"。正是这种"自我命名"，才使得教师个体专业发展的反思、更新成为可能[①]。

二、教师学习理论

伴随学习理论与实践的不断完善与发展，教师教育经历了从以"行为训练、知识灌输"为主要方式的教师培训，到以"自主建构、自我发展"为标志的教师发展，再到强调以"真实情境、协作学习和共同建构"为特点的教师学习。从教师培训到教师学习，不仅仅是概念上的更迭，更是理念的转换和研究重心的转移。

（一）教师学习的不同视角

不少学者（Greeno，1996；Putnam & Borko，2000；Hoban，2002）对教师学习的视角进行了分析。Greeno（1996）提出了关于认知与学习的三种理论视角：行为主义视角、情境 - 社会历史视角、认知视角。Hoban（2002）分析了关于学习的四种理论视角：认知视角、情境视角、理论实用主义、系统思维观点。教师学习研究的理论基础主要涉及以下视角。

---

① 刘胡权. 教师专业发展的情感基础研究 [M]. 北京：北京师范大学出版社，2018.

1. 行为主义视角（Behaviorist Perspective）

行为主义学者认为：行动（行为）是认知、教学和学习的场所。知识由教师传递，由学生接受，而不是解释。传递是教学模式，为了促进有效的传递，复杂的任务被分解成为众多层级的组成部分，从简单到复杂按顺序加以掌握。学习受到报酬与要求等外在动机的驱使，根据外在刺激发展正确的反应。设计得很好的活动程序，带有经常反馈和强化的清晰教学目标，以及从简单到复杂的技能先后顺序，这对于学习机会的设计来说是重要的。

2. 认知视角（Cognitive Perspective）

认知学习理论的分析单位、对学习的关注点集中于理解和描述个体心智的活动。该取向来源于 Piaget（1950）的理论：学习是在个人经验基础之上、对个体知识不断重新加工的过程。这一取向认为：知识包括反思、概念发展和理解，解决问题和推理。学习涉及学习者对现有知识结构的积极重构，而不是被动消化或机械记忆。在个体知识建构的过程中，强调对学习有重要影响的个体先在知识的重要性（Hoban，2002）。学习动机是内在的，学习者应用包括其先在知识和经验在内的个人资源来建构新知识。在这一过程中，改变是通过反思个人信念和知识而实现的。这一取向的关键假设是：学习在本质上是不断累积的。如果脱离先在经验，学习则是无意义的，或者什么也学不到。

3. 情境视角（Situative Perspective）

情境视角认为个人不能从其社群和环境中脱离开来（Lave & Wenger，1991）。分析单元或学习的焦点集中于"在社会行动中的个体"。该视角认为：知识分布在环境中的社会、物质和文化产物等之中。认知是个体参与社群（如数学社群）实践的能力。学习涉及发展在特定社群和情境中注重的实践和能力。学习动机是发展和维持学习者参与其中的社群身份。学习机会需要被组织，以促进参与探究和学习实践，支持学习者作为探究者的身份，使学习者发展学科的话语和辩论的实践。情境理论学者把学习视为参与社会化组织活动中发生的改变，个体对知识的应用是其参与社会实践的一个部分（Lave & Wenger，1991）。许多学者指出，学习既涉及个体特征，也涉及社会文化的特征。并认为，学习过程是一个适应文化和建构的过程（Cobb，1994）。

4. 理论实用主义（Theoretical Pragmatism）

关于学习的实用主义取向认为：可以根据"有用"的原则而选用不同的取向（Hoban，2002）。Hoban（2002）指出，认知视角和情境视角都提供了关于学习过程的有价值的洞见，有利于理解特定的影响。但它们强调了不同的方面：认知视角强调先在知识等个人条件对学习的重要性，而情境视角强调社会和情境条件的重要性。Putnam & Borko（1997）主张将不同视角结合起来看待成人和专业学习。他们在知识和信念的个体性质以及认知的社会情境与分散性质基础之上，提出一种关于教师学习的折中观点，认为，最适宜的学习条件包括：教师应该被视为建构自己知识的积极主动的学习者；教师应该被授权，应该被视为专业人员；他们应该考虑学习中的最基本理念并获得不同的专门知识。这与认知的分散性质相关；教师教育应该处于课堂实践之中；教师教育者应该以期望教师对待学生的方式那样对待教师。Hoban（2002）认为，以上学者尽管运用多重视角看待学习，但并没有将它们整合成为连贯的"学习系统"。于是他提出"系统思维"的观点。

5. 系统思维观点（Systems Thinking Approach）

Hoban（2002）将以上关于学习的几种核心理论放到一起，强调了它们之间的相互影响，它强调学习系统各个组成部分之间的关系。当个体学习者、社会、情境条件相互作用，多种影响协同作用而使彼此改进时，就形成一种"互惠的螺旋关系"（Salomom & Perkins，1998）。Hoban（2002）认为，系统思维方式下的分析单元或学习关注的焦点是"处在关系行动中的个体"。因此，学习是分布在学习的影响因素之中的，而不是处于社会情境之间，或者是处在个体之内（Hoban，2002，p.59）。系统思维将"处在关系行动中的个体"作为分析单元，强调不同组成部分之间的关系，承认个体学习受到不同行动的影响，如团体讨论或实践情境，或者像录像或书之类的工具。

6. 社会文化理论（Sociocultural Theory）

关于学习与发展的社会文化理论由苏联心理学家 Vygotsky 及其合作者在 20 世纪 20 年代至 30 年代提出并发展而来。Vygotsky 及其继承者 Leont'ev、Luria 通常是采用"社会历史"（Sociohistorical，e.g.，Luria，1981），或"文化历史"（Cultural-historical，e.g.，Smirnov，1975）。Wertsch（1995）认为，"社会历史"和"文化历史"更能反映该理论的传统。"社会文化"这一术语，反映了不同学者对文化的理解；而且，对于当前，尤其是西方国家关于人文科学的辩论来说，用"社会文化"一词则更为适合。因此，我们可以见到的当前大部分关于这一理论的著述都采用"社会文化"这样的表达。

社会文化理论的目的是：阐明人类心理机能及其发生的文化、制度和历史情境之间的关系（Wertsch，1990，1995）。Wertsch（1990）提出：Vygotsky 社会文化理论有三个主题：（1）依赖于发生的（即发展的）分析；（2）个体高级心理机能源于社会生活；（3）工具和符号调节高级心理机能。社会文化研究应该考虑变革，而不是仅仅探寻人类行动和行动发生的文化、制度和历史背景。我们应该应用社会文化理论提供的洞见去解决真实世界中的问题。

当前有不少学者从社会文化理论的视角来探究教师学习和教师专业发展（Englert & Tarrant，1995；Schifter，1996；Palincsar & Magnusson 等，1998；Grossman & Weinberg 等，2001）等。社会文化理论对于教师专业发展和教师学习的意义主要在于：用于设计教师专业发展的情境（Palincsar，1998）；探究教师学习和发展教师专业技能与知识的协作情境（Nelson，2004）；根据情境理论，以团队为焦点，探究教师学习共同体 / 社群对教师学习和变革的影响（Putnam & Borko，2000；Borko，2004）。

7. 全视角的学习理论

丹麦的克努兹·伊列雷斯分析了学习的四种定义：其一，"学习"这一名词可以用来指发生在个体身上的学习过程的结果。在此，学习的含义是学到了些什么，或者是发生了什么样的变化。其二，"学习"这一名词可以用来指发生在个体身上的心智过程，这些过程可以导向含义 1 中所指的变化或结果。这种含义也常常被界定为学习过程，这也通常是学习心理学所关注的。其三，"学习"这一名词可以用来指个体与学习材料以及社会环境之间的所有互动过程，这些过程直接或间接地成为含义 2 所指的内在学习过程（导向含义 1 所指的学习含义）的前提条件。其四，"学习"这一名词不仅仅在我们的日常生活中被频繁使用，而且在官方和专业背景中，它也或多或少地被等同于"教学"这一名词。这表明了有一种对"教"与"学"混淆的普遍倾向。基于此，他把学习界定为：发生于生命有机体中的任何导向持久性能为改变的过程，而且这些过程的发生并不是单纯由于生理性成熟或衰老机制的原因。关键是学习意味着一种改变，在某种程度上是持久性的改变，比如说在被新的学习覆盖以前，或因为生命有机体不再使用而逐渐遗忘以前，它就是"持久性的"。同样关键的是，这种变化不是由于生命有机体中预先已有潜能的自然成熟，甚至尽管这种成熟可能对于学习发生来说是一种很好的先决条件。①

　　克努兹·伊列雷斯考察了大量不同的理论和学习理论家，并试图一路指出其长处和弱点。例如，从有关整体性视角的观点来看，很清楚的是，皮亚杰通过特别专注于认知与内容，有意识地回避了这一视角，而弗洛伊德和其他精神分析导向的视角则相应地聚焦于动机维度。文化历史学派及其继承者跨越了内容和互动维度，他们只是极少将动机维度纳入考虑之中，而且类似地，那些基于批判理论的研究者们专注于动机和互动维度，但只是偶尔考虑到内容维

---

① [丹] 克努兹·伊列雷斯．我们如何学习：全视角学习理论 [M]．孙玫璐，译．北京：教育科学出版社，2014.

度。有两位理论家在某种程度上似乎在三个维度方面更能保持一种平衡，他们是美国的埃蒂安·温格和英国人彼得·贾维斯。

温格提出了学习的社会理论的模型，在该模型中，学习嵌入在四种条件之间：意义、实践、共同体和身份认同。意义与内容维度有关，实践和共同体关注的是互动维度，身份认同与所有三个维度都相关，由此在它之下动机维度也是如此。温格自己将这个模型作为一个起点，来分析作为学习框架的实践共同体，并且通过这种途径他纳入了所有的三个学习维度。但很清楚的是，温格的导向是特别朝向实践共同体中的学习的，由此他将互动维度置于优先地位，并且他自己称其理论为"一种学习的社会理论"。因此，温格的理论本来可以作为一种平衡地纳入了所有三个学习维度的一般学习理论得到发展，但他选择的是专注于互动维度，然后将另两个维度在此基础上纳入。这种导向在他后期的文本中变得更加明显，正是在这些文本中，他所继续深入研究的是实践共同体的设计和运作。

贾维斯的出发点一开始是社会学的，并且特别关注成人教育。然而，从 20 世纪 80 年代以后，在他两本最新的著作《人类学习——一种整体性视角》（*Human Learning—An Holistic Approach*，Jarvis and Parker，2005）和《迈向人类学习的综合理论》（*Towards Comprehensive Theory of Human Learning*，Jarvis，2006）中，在他涉猎广泛的研究成果中，引入的是越来越多的哲学和心理学的导向。而且，贾维斯的新著《全球化终身学习和学习型社会》（*Globalisation，Lifelong Learning and the Learning Society*，Jarvis，2007）就当代全球发展和它们对于学习、教育条件的影响之间的联系，又重新梳理了他的观点。因此，毫无疑问，贾维斯是从公开宣称的社会学导向和教育导向，转向一个更为一般水平和整体性的导向，他称之为"存在主义"（Existentialist），即他的出发点是在人的存在或"生存"上，他很快就拓展了"在世界中存在"（Being-in-the-world）的概念，深入发展为"在世界中与他一起存在"（Being-in-the-world-with-others），通过这样做，他发展了人与环境之间的辩证关系。纵观贾维斯的广泛研究成果，他对互动维度的关注，特别是对社会水平的关注，占据了一个压倒性的地位，并且将他最大的研究兴趣引导到了作为一个概念和一种政治性议程的终身学习上。贾维斯将"非学习"（Non- learning）分为三种类型：假定（Presumption）是指一个人已经思考过对某物的理解，因此，就不再会去抓住新的学习机会。不考虑（Non-consideration）是指一个人也许抓住了新的学习机会，但是并未真正发生联系，也许是由于太忙碌或对这些机会可能导向的东西感到太过紧张。拒绝（Rejection）意味着在一个更高的意识水平上，一个人不想去学习在一个特定情境中的新东西。由此，贾维斯的类型涵盖了非学习的三种意识水平程度，并且引进了个重要的视角。不过，这些水平还只是通过简短一般的描述来加以定义，没有明确的标准。他的错误学习（Mislearning）与内容维度有着非常大范围的联系，他的学习防御（Defence Against Learning）主要与动机维度相关，他的学习的阻抗（Resistance to Learning）主要与互动维度相关。不过，应该立即加以强调的是，在实践中常常很难去直接区分这三种不同的形式，特别是与防卫和阻抗有关的情况下，它们会很自然地同时出现，并多多少少整合在一起。

基于上述的梳理与分析，克努兹·伊列雷斯提出全视角的学习理论，建构了学习的模型，用以表示学习的两种过程和三个维度：内容维度、动机维度和互动维度。它超越了传统心理学的经验理解，进入到与环境的互动之中；它超越身体与心理之分，强调个体的获得过程。内容要素是有关所学之物的，它在性质上可以是知识、技能、观点、理解、见识、意义、态度、资质或者能力。动机要素指的是实现一个学习过程所需的心智能量，诸如动力、情绪、意志等。内容、动机维度是与个体的获得过程相关的。互动是与个体和环境间的互动过程相关，它关系的是个体与其所处社会性及物质性环境之间的互动，这种互动是在两种水平上的：一种是周边的、人际交往的水平，如在教室或工作小组这种互动环境所发挥的水平；另一种则是一般社会性的水平，其设定了互动过程的前提。①

（二）教师学习的内涵

在西方教师教育界，"教师学习"概念是适应"终身学习时代"并针对"教师专业发展"被窄化为在"教师专业发展日"（Teacher Professional Development Day）进行的自上而下的"被培训""被发展"而提出的。国内学者在论述教师学习研究意义时也指出，当代教师教育大致经历了从"教师培训"到"教师教育"再到"教师学

---

① [丹麦]克努兹·伊列雷斯.我们如何学习：全视角学习理论[M].孙玫璐，译.北京：教育科学出版社，2014.

习"的脉络演进，教师学习是当代教师教育发展的逻辑走向，从强
调"教师培训"到"教师教育"再到关注"教师学习"，研究领域
的横向转换不只是名称的变换，更是理念的转换和研究重心的转
移。[①] 总之，"教师的专业发展是一个终身学习的过程"已成为基
本共识。[②]

从语词本身的内涵来说，教师学习和教师专业发展是彼此统一
的。教师学习是教师可持续专业发展的基础和前提，对此，教育学
界几乎没有异议。但在对"教师学习"内涵的理解上人们还是存在
一些细微的差别。比如，有研究者认为教师学习是经验性学习，分
为自发的经验性学习和自觉的经验性学习。教师经验性学习的目的
在于通过经验建构个人教育知识、学会教学；也有研究者将教师学
习界定为"教师在外部环境支持下主动寻求自身整体素质的提高，
持续追求专业发展和个人发展相互统一的整体性活动"，"教师学习
是基于教师自我发展的需要和意识下获得的个体专业经验的自我更
新"，主要指在一定人为努力或外部干预下的教师专业知识、能力
的生长变化；还有研究者强调教师学习并不只是简单意义上的独立
学习或者自学，教育活动中的教师学习应该具有文化意涵，意味着
教师群体中学习文化的建构和发展，意味着教师具有学习的精神、
态度、方法和行为，教师学习本质上是合作的、共同的、探究的、

---

① 樊香兰，等.逻辑与走向：当代教师教育道路的演变 [J].教育研究，2009，30（10）：
　80-84.
② 杨跃.教师教育学 [M].北京：北京师范大学出版社，2016：221.

基于自发与自主的学习行动。①

有学者把教师学习和教师发展区分开，认为教师学习主要是指在一定人为努力或外部干预下的教师专业知识、能力的生长变化，②强调主动学习。有学者认为，"教师学习"在教育界虽然已经常见但仍没有得到直接使用，因此把教师学习按"教师"和"学习"组合来理解。③有学者立足于历史的角度对教师学习的概念进行梳理，即传统方式中以在职教育和进修为主的教师学习、理念变革时期由外规培训走向内在激发的教师学习、终身学习时代的教师学习。④有学者认为教师学习是一种生存权利，⑤且国家和社会应该在时间、资源、环境、制度、评价等方面为教师创造学习的氛围与文化，营造教师学习的环境。有学者在课程论的角度，认为教师即课程，教师学习即课程的预设与生成。⑥也有学者从成人学习的角度解释教师学习的概念，认为教师学习是一种成人学习，并强调经验对于教师作为成人学习的重要性。⑦学习是人自身发展、超越的过程，也是人实现自我超越的需要。只有把学习视为人自我发展、

---

① 杨跃 . 教师教育学 [M]. 北京：北京师范大学出版社，2016：222.

② 刘学惠，申继亮 . 教师学习的分析维度与研究现状 [J]. 全球教育展望，2006，35（08）：54-58.

③ 李志厚 . 教师校本学习研究 [D]. 西北师范大学教育学院，2005.

④ 孙德芳 . 教师学习研究：基点、论域与方法 [J]. 教师发展论坛，2010（02）：3-5.

⑤ 金美福 . 终身学习：教师的生存权利论——一种自主学习的教师教育观 [J]. 中小学教师培训，2003（05）：14.

⑥ 岳淑丽 . 从规范性向享受性学习转变——基于教师职业发展阶段视角 [J]. 中国教师，2010（01）：45-48.

⑦ 顾通达 . 小学教师继续学习需要的实践研究——对一次培训的分析与思考 [D]. 华东师范大学硕士学位论文，2002.

超越的需要时，人们才会自觉地进行学习活动，才能形成"学而时习之，不亦乐乎"的学习观，才可以为学习化社会的构建提供坚实的内在动力。[①]教师学习是教师在自身努力或外部环境的影响下，专业知识和能力的获得和生长变化，教师学习与教师专业发展是一个统一的过程，教师学习是教师专业可持续发展的基础和前提。[②]

由上可见，"教师学习"是一个涵盖性术语，强调教师作为学习者在谋求自身专业发展中的主动性、能动性和创造性，即意识到自身专业发展的需要而进行的，在专业知识、能力、观念、态度、情意、伦理道德等品质方面的自我更新。教师学习是一个主动参与的自我更新过程。从"教师教育"转向"教师学习"的意义即在于突出教师学习的日常性、教师知识的内生性和教师发展的主动性。教师学习研究的意义在于重新认识教师持续学习的重要性，探索新形势下教师专业学习的内容、方式、途径等；探讨与深化教师自主学习理论，了解教师学习需求和动机，激发教师作为学习者的学习热情；为营造教师学习文化，为教师专业学习创造良好的环境和条件，以及为建立和优化教师学习制度，形成良好的学习机制提供建议。[③]

① 李润洲，石中英.人·学习·学习能力——构建学习型社会的哲学思考 [J].教育学报，2006（02）：62-67.
② 张敏.教师自主学习调节模式及其机制 [D].浙江大学博士学位论文，2008：3.
③ 杨跃.教师教育学 [M].北京：北京师范大学出版社，2016：227.

（三）作为成人的教师学习

成人学习是一个涉及心理、教育、文化、社会、政治、经济等诸多因素的复杂问题，这是由成人这个学习主体的复杂性所决定的。因为成人是异质化、多维度的存在，即无论从年龄、性别、生理、心理等个体特征来看，还是从所从事的职业、行业、所属社会经济阶层、所扮演的社会角色等社会特征来看，成人学习者个体乃至群体相互之间的差异都是客观、多维的。各种类型和各种层次的成人学习规划及实施，都应该尽可能从成人个体性存在和社会性存在的实际情况出发。有研究者认为，成人学习分为"指导性学习"和"自学"两大类。按照成人学习与职业或就业的关系，成人学习又可分为"以职业为目的的学习"和"非职业目的的学习"。在一定意义上说，"指导性学习"和"自学"，以及"以职业为目的的学习"和"非职业目的的学习"，共同构成了与成人工作、职业和社会生活紧密相连的学习图景。①

成人心理学的研究显示：第一，人是不断发展的，成人的学习能力也是发展的，但成人学习具有与儿童和少年不同的特点；第二，成人的学习能力跟人的主观能动性联系紧密，不受年龄的影响，不会随年龄的增长而下降。诺尔斯认为，成人学习者的特点有：（1）成人是社会化的人，具有一定的社会经验，并掌握了一些社会资源；（2）成人的个性独特且独立；（3）成人的社会角色影响

---

① 何光全．我国成人学习基本状况调查 [J]．现代远程教育研究，2013（06）：59.

着成人的学习。由此可见，成人学习的基本特征是：第一，学习自主性强。一般来说，成人是已趋于成熟的个体，在学习上具有较强的独立性和自主性。他们会根据已有的知识经验、职业性质、工作需求、兴趣爱好自主地选择学习内容，并根据自己的实际情况来选择适合自己的学习方式。第二，学习动机多元化。成人学习的动机深受其生活环境的影响和制约，与年龄、教育程度、职业水准、收入、性别、婚姻状况以及居住地区等因素密切相关，因此成人学习动机具有多元化的特点。第三，学习受客观因素影响。作为社会工作者和家庭承担者角色的成人，在学习时有时显得力不从心。如学习时间难安排、学习精力有限、社交活动繁多等客观因素都极大地影响着成人的学习。第四，参与教学决策。成人学习者希望与教师共同承担教学责任。他们希望能够和教师一起评估学习的需要和目标，选择教学活动以及决定如何评价他们的学习。[1]

　　成人的学习行为是一个具有多方面影响因素的社会性行为。成人的学习行为并不是一个单纯的学习问题。成人的学习活动内涵有着许多错综复杂、相互影响的因素。成人选择学习行为，首先出于一种改变生活状态和提高自己生活质量的动机。他们希望通过参加成人的学习活动而提高自己、充实自己、增长才干，并使自己的生活更有意义。同时，成人的学习活动在客观上也能够实现提高自己的文凭和学历，并满足社会对人才的学历性的要求。而成人的学习活动，受自身生活状态、学习能力、教育环境等方面的影响。因

---

① 黄翠银，梁玉玫.Google Calendar 在成人学习时间管理中的应用 [J]. 继续教育研究，2009（07）：152.

此，成人的学习行为是一种复杂的、多因素性的社会性的学习行为。探讨成人学习行为背后的相关因素，将使我们清晰地对成人的学习行为进行有效的反映，并提高成人的学习行为的有效性。

有研究者对成人学习进行定量研究发现，影响成人学习行为的较为重要的几种因素有：学习方法、学习时间、学习兴趣、学习能力以及教师的教学质量。学习方法与学习时间是成人自身学习能力的不同方面的反映，学习能力较强者，会相应地有较多的学习方法，他们会利用时间，并能用较少的学习时间完成较多的学习任务。而学习兴趣，包含着更多的动机因素、意志力等学习中的非智力因素。学习兴趣在维系成人的学习活动中起着重要的作用。教师的素质问题在成人的学习活动中也是一个非常关键性的因素。那些在教学中能够理论联系实际、用更多的案例进行教学、达到深入浅出、产生风趣幽默的课堂效果者，是受成人学员较为欢迎的成人教育教师。教师的良好素质是提高成人教育教学质量的重要因素，好的教师，能够使成人学员有更多的学习收获。①

学习动机与学习兴趣之间并不是相互协调发展的。有较强烈的学习动机并不说明有较高的学习兴趣，甚至，还会出现学习动机越强，学习兴趣则越低的现象。说明，学习兴趣是需要培养和发展的，学习动机不能代替学习行为与学习兴趣。而在成人的学习活动中，成人教育工作者的首要任务是应该逐渐使成人掌握适当的学习方法、提高其学习的兴趣，使其学习行为变成自觉的、可持续性的

① 李俊.成人学习研究——成人元认知能力的研究及成人元认知能力相关因素的研究报告 [J].河北师范大学学报（教育科学版），2005（04）：93.

学习行为方式。

就外在因素而言，主要有如下几种：（1）梅里安认为，环境障碍与学习者的外在学习条件有关。纪军认为，成人学习的环境障碍与成人的生活环境和社会环境相关。除此，雷丹认为，情境障碍还与学习者周边人的文化水平和学习氛围有关。瓦伦丁分析，工作是男性学习者的主要环境障碍，而家庭是女性学习者的主要环境障碍。（2）中小学教师普遍存在工作量过重的现象，还有一些中小学的师资数量不足，教师极难有专门的时间去参加培训，工学矛盾十分突出。这些都表明有关的教育行政机构和教师所在学校还没有真正做到以教师及教师的发展为本。因此，在成人参加学习的过程中，过重的学习负担与家务负担，均会影响成人的学习行为与成人自己对其生活状态的评价。因此，在我们的成人教育活动中，尽量地减轻成人的学习时间与学习负担，使成人在参加学习活动中感到轻松、愉快和有所收获，是成人教育应该采取的教学方式。（3）中小学教师具有多重角色。在平时的教育教学工作中，中小学教师还必须要做好与学生、与同行、与学校、与家长、与社会等多方面的沟通工作，工作任务十分烦琐。其次，中小学教师在家是儿女，是父母，承担着多种家庭责任与义务。（4）社会没有真正树立终身教育和建设学习型社会观念。在传统观念中，学习仅是未成年人在学校接受的全日制教育，在终身教育思想已盛行的今天，还有大部分人难以摆脱这种传统观念的制约，他们认为教师既然已经走上了工作岗位，而且从事"教"这样的工作，就已经学有所成，无须学习了。

如果教师了解成人发展的规律，遵循这些规律就会对学习培训起到积极的作用。人的发展具有不平衡性，同一方面的发展速度在不同的年龄阶段是不平衡的。青少年敏捷的思维力，丰富的想象力，惊人的记忆力固然可以促进他们的学习，但相比青少年，成人抽象思维能力、独立思考能力、应变能力、为人处世能力同样占优势。成人学习能力的增长不会由于生理成熟而终结；成人学习的能力并不伴随年龄的增长而明显下降。因此，中小学教师不能把学习失败归于生理原因。成人发挥主观能动性，努力地学、不断地学，学习的能力也会提高。中小学教师也是一样，认识到了成人学习的特点后，发挥自己的主观能动性，树立学习信心，那么在学习培训中的心理障碍也就迎刃而解了。

目前学术界对教师学习特点的分析更多的是从成人学习的角度，关注作为成人的在职教师在学习过程中表现出的特点。成人学习理论包括五个基本假设，即成人是自我导向的学习者、成人具有丰富的个人经验、成人具有明确的学习需求、成人的学习是问题或任务导向的学习、成人的学习动机主要来自内部。[①] 吴卫东指出，教师的学习是个体主动建构的过程，是基于情境的学习，是实现理论与实践的对应，是在实践共同体背景中进行的，是过程反思的学习。[②] 鱼霞与毛亚庆认为，教师的学习是自我导向的学习，是丰富多样的人格化经验参与的学习，是以问题为中心的学习，是资源共

---

① [美] 雪伦·B. 梅里安. 成人学习理论的新进展 [M]. 黄健，等，译. 北京：中国人民大学出版社，2006.
② 吴卫东. 教师专业发展与培训 [M]. 杭州：浙江大学出版社，2005.

享的学习，是以提高绩效为目的的学习，是基于情境的学习，是个体主动建构的过程等。[①]张铁道认为，第一，成人参与学习具有明确的学习目的，希望能够通过学习满足改善自身生活与工作现状对于知识和技能的需要。第二，成人唯有将亲身体验进行分析并加以理性化，学习的内容才能有效地转化为自身的素质，而这种转化过程则表现为针对学习者认知水平、社会化程度而设计的"诊断—干预—升华"过程。[②]综合上述观点，作为成人的教师学习的特点主要表现在以下几个方面。

第一，在职教师学习具有明确的目的。他们希望能够通过学习增强自身的教育实践能力并借此获得职业成就感。因此，他们的学习具有很强的主动性和自主性。教师学习是基于专业成长的自我导向学习。教师作为成年人，在生理、心理上都已成熟，有较强的自主意识，能够自我控制、自我管理，能够对自己的生活负责；教师具有学习的需要，这些需要与改变自我的社会角色密切相关，教师学习是在内部动机的驱动下发生的，而非外在因素胁迫；教师具有独立的自我概念，能够指导自己的学习。因此，强加于教师的学习是没有效果的，甚至会适得其反，只有教师自己感受到学习的需要，主动制订学习计划，依照计划来进行以专业成长为目的的学习才能够收到令人满意的效果。

第二，在职教师作为具有专业知识和实践经验的成人学习者，所学内容必须与其已有实践经验相联系并加以整合，才能激发他们

---

① 鱼霞，毛亚庆.论有效的教师培训 [J].教师教育研究，2004（1）.
② 张铁道.教师研修：国际视野下的本土实践 [M].北京：教育科学出版社，2015.

的学习动机，进而有效拓展并内化为他们的知识与行为。这一学习过程包括"需求诊断—行为干预—实践巩固"等基本环节。[1] 因此，在职教师学习是以问题解决为基点的行动学习。在职教师的学习是在日常的教育教学过程当中进行的，其主要的目的不是系统掌握某个方面的知识、形成完整的体系，而是要解决自己在教学过程中遇到的种种不确定的、鲜活的、复杂的问题。在职教师学习必须是以教学实践中的问题为基点进行的行动学习，将学习和实践结合起来、融为一体，实践中的诸多问题才可能在学习当中得到解决。同时，在职教师学习是一个即学即用、持续不断的过程，它要求在职教师不断面对和处理不同的复杂问题，在职教师要想获得可持续发展的动力和能力，就必须不断学习与探究，成为终身学习的典范。

第三，外部提供的培训学习对于在职教师而言只是一种推动，实现教师专业发展目标的根本还在于在职教师自身的自觉追求和来自管理制度的导向和专业咨询的支持。在引导教师专业学习过程中，教师教育者扮演着重要角色，主要体现在切合学习者的"最近发展区"设计、组织富有挑战性的学习过程并借此满足学习者的专业发展需求。教师专业培训需要创设平等、宽松的人际互动交流氛围。因此，除了必要的知识讲授之外，更多的是为在职教师提供交流分享各自经验的机会，并借助案例分析和实践改进行动规划等环节，建构高质量的互动学习体验过程。

---

[1] 张铁道 . 教师研修：国际视野下的本土实践 [M]. 北京：教育科学出版社，2015.

第四，在职教师学习是在实践经验基础上的反思学习。杜威认为，"反思可以把经验含糊的、可疑的、矛盾的、某种失调的情境转变为清楚的、有条理的、安定的以及和谐的情境"。[1] 梅洛－庞蒂则指出："反思不是从世界走向意识的综合体并把它作为世界的基础；它是回过头来注视那些出类拔萃的形式与外观，它们像从烈火中飞溅出来的火花一样在高空飞扬；它放松了把我们与世界联系在一起的有意向的绳索并把它们引入我们注意的视线之中。"[2] 美国心理学家波斯纳（G.J.Posner）也曾指出，教师成长＝经验＋反思。他认为，没有反思的经验是狭隘的经验，至多只能形成肤浅的知识。如果教师仅仅满足获得经验而不对经验进行深入思考，那么他的发展将大受限制。[3] 总而言之，"教师如能养成强烈的反思意识和能力，如能牢固确立'教师即研究者'的角色意识，面对工作中遭遇的各种教学问题，大胆质疑，勤于反思，无疑将十分有助于自身的专业成长与实践性知识的生成。"[4] 尽管反思在教师学习中具有极为重要的价值与作用，但是，并非每一个人的反思能力与水平都是一样的。可以采取如下一些措施：其一，以群体反思促进主体的认知冲突的生成；其二，以合理归因提升主体的反思水平；其三，以元反思促使主体形成反思的习惯；其四，以指导者的适当介入引

---

[1] [美] 约翰·杜威.我们怎样思维·经验与教育 [M].姜文闵，译.人民教育出版社，1991：83.

[2] VanManen, M., "Phenomenological Pedagogy and the Question of Meaning", in D. Vandenberg (Ed.), Phenomenology and Educational Discourse, Durban: Heinemann Higher and Further Education, 1996.39-64.

[3] 皮连生.学与教的心理学 [M].上海：华东师范大学出版社，1997：20.

[4] 刘旭东.教师实践性知识的反思与重建 [J].教育科学研究，2008（10）.

领主体深入反思。[①]

第五，在职教师学习是以教师团队为基础的合作学习。作为个体的独立学习有利于独立思考，也可以避免一些外部因素的干扰，但同时也限制着教师获取信息的途径和扩展视野的机会。这就需要把在职教师学习置于更加广阔的背景下，关注在职教师学习的团队背景，以合作和文化的生态变革为取向的教师专业发展观超越了只从教师个体层面探讨教师专业发展的单一视角，注重从文化、组织、社会或制度层面研究教师专业发展的问题，建构在职教师实践共同体。教师的专业发展不能仅仅依靠个人的力量，教师群体是个人成长与发展的沃土。在职教师要通过团队的合作学习，通过参与合作性的实践来滋养自己的教学知识和实践智慧，在与包括同事在内的"重要他人"和"重要他们"进行交往、互动、对话、协商、合作和分享的过程中建构起温馨和谐的"实践共同体"。

（四）教师学习的影响因素

对学习影响因素的研究是学习研究经久不衰的课题。学者们从不同的角度对教师学习的影响因素做了分析。有研究者认为，教师学习的影响因素是指驱动和阻碍教师学习的因素。研究发现，感觉教学上力不从心，感到不断学习才能更好地应对变化、提高工作效能、满足学生成长的需要、解决实践中遇到的困惑和挫折、促进自我提高、力求更多发展机会、赢得领导和同事的肯定、不落人后、

---

① 吴琼，李贵仁. 论当前推进教师反思的着力点 [J]. 教育理论与实践，2015，35（32）.

维持自尊、评职晋升、避免淘汰等动机，想不断挑战自我现状、不断改进教学、积极适应教育改革要求的态度、社会对教师的高期望和高要求、工作繁重、同事之间竞争的感受等，都是影响教师学习的因素。有研究者认为，自我效能感、动机目标、主动性人格、社会期望、学校事务、竞争压力是教师学习的主要影响因素。其中，自我效能感、动机目标、主动性人格属于个人内部因素，社会期望、学校事务、竞争压力属于外部因素。动机目标包含任务动机、自我提高动机和社会比较动机。[①] 社会期望、学校事务、竞争压力属于外部因素，但它们只有被教师所感知，才能对教师的工作和学习产生影响。

近年来，一些学者开始在以往研究的基础上尝试对教师学习的影响因素和发展阶段进行理论架构。达林·哈蒙德（Darling-Hammond）等人提出了一个教师学习的理论框架，这个框架重点提出了教师学习中的几个关键因素：学习愿景；教师学习共同体；对教学、学习和学生的理解；教育实践；专业素质；辅助资源。费曼南瑟（Feiman-nemser）将教师专业学习和发展分为职前教育、入职引导和专业发展三个阶段，并列出了每个阶段的学习重点。在教师学习和专业发展的不同阶段会有不同的关注和学习侧重点，相关的影响因素也会发生变化。[②] 对于教师学习的影响因素，国内外学者多是基于班杜拉的社会认知学习理论来研究的。班杜拉认为学习是个人、环境和行为三大因素共同影响的，并且三大因素是互为因

---

① 张敏 . 教师自主学习调节模式及其机制 [D]. 浙江大学博士学位论文，2008：36-37.
② 王芳，马云鹏 . "教师学习"研究的发展及其对职前教师教育的启示 [J]. 外国教育研究，2010，34（04）：7.

果的交互影响，是一个不断循环的过程，在这里，环境和个人就是行为的影响因素，环境有社会环境和物质环境，是外在的。个人则指个体自身对环境和行为的调节和控制，个人是主体因素，是内在的，班杜拉用自我效能感来强调个人的主体因素。但是，个人的主体因素不只是自我效能感所能涵盖，其中也有教师个人的非智力因素，如教师的成就动机、求知欲望、教师个人的自制力、自信心、自尊心、意志力，等等，并且自我效能感也应该是非智力因素之一。因此，教师学习的影响因素可以分为外在的和内在的两类。[1]

（五）教师学习的方式与类型

教师学习的策略与方式是多种多样的。Lieberman（1996）指出专业学习的三种情境：（1）直接学习：会议、工作坊、咨询等；（2）校内学习：同僚指导、师徒制、批判朋友伙伴、行动研究、小组计划和评估、鉴定等；（3）校外学习：学校改革网络、学校—大学伙伴协作、学科网络、专业发展中心等。Darling–Hammond（1998）谈到教师学习的策略包括：研究、做和反思；与其他教师协作；密切关注学生及其功课分享。Bredeson（2003）指出，教师学习机会包括：阅读书籍，听讲座，观课，行动研究，撰写反思日志。Scribner（1999）将教师学习和专业发展活动的形式总结为：协作，个别探究，经验性学习，会议 / 工作坊，校本在职培训，研究生课程。教师参与的这些活动关注实践的某些特定部分，

---

① 陈秀娟. 关于教师学习的文献综述 [J]. 西北成人教育学院学报，2014（05）：52.

不同的学习活动有不同作用。Garet 等（2001）提出，教师积极学习的机会包括：（1）观课：观摩专家教师的教学以及让他人观察自己的授课；（2）计划课堂实施：计划怎样在课堂中运用新的课程资料和新的教学方法；（3）评论学生功课；（4）陈述、领导、写作。Kwakman（2003）将教师在工作间的学习界定为：参与专业学习活动。进而归纳出：专业学习活动可以划分为强调阅读、实验和反思的个体活动和协作活动。他详细分析了四类教师学习活动：阅读、做和实验、反思、协作。此外，教师自己认可的专业学习活动超越了这四种类型，还存在参与非课程、非常规化的活动与任务，以及师生交往之间发生的学习等其他类型的学习活动。

在我国，不同学者基于不同视角提出不同方式，如实践反思学习、观摩学习、拜师学习、同伴交流对话学习、短期培训学习、文本阅读学习、网络学习、研究生课程学习、观摩课学习、问题中心学习、读书讨论汇报学习、教研组研讨、教师行动研究、正式职业之外的学习、批判性思维，等等。[①]"互联网 +"为中小学教师学习提供了海量的学习资源、灵活多样的学习方式、实时互动的合作交流平台，混合学习、跨界学习、网络社群学习等新学习方式的出现，不仅激发了教师开展学习的动力，为教师随时随地进行学习带来便捷，还为置身于学习资源极度匮乏的乡村中小学教师提供了均等的学习机会，城乡教师可以共享优质学习资源，有利于实现整个社会的公平，促进社会的和谐。

---

① 张敏 . 教师学习策略结构研究 [J]. 教育研究，2008（6）：84-90.
　周冬祥，等 . 论教师的研修学习方式 [J]. 教育研究与实验，2009（1）：61-65.

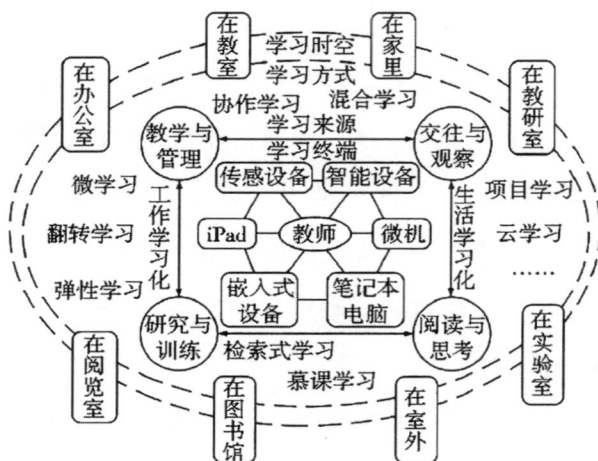

图 2-1   "互联网 +"背景下的教师泛在学习模式 ①

三、组织效能理论

组织与人的复杂性和多样性决定了组织管理理论的发展之路必然是崎岖和曲折的。如果以泰勒《科学管理原理》的发表作为标志，管理学科已历经百年发展。一个世纪以来，组织研究领域取得了辉煌的成就，对于我们思考研修机构的管理乃至发展大有裨益。"效能"是"效"和"能"的组合，"效"指效率、效力、功效，"能"指能力、功能，那么"效能"一词就指事物所蕴藏的能力效用，即人们在有目的、有组织的活动中所表现出来的效率和效果。那么，组织效能即反映组织作为一个整体的效率和效果。作为组织研究领域的核心议题之一，组织效能需要回答几个关键问题：第一，什么

---

① 郑会敏 . 教师泛在学习：概念与理论架构 [J]. 学术瞭望，2018（5）：15-18.

是组织效能？第二，评价一个组织效能高低的标准是什么？第三，如何提升组织效能，即高效能的组织理论和方法实践是什么？

（一）理论模型

综合相关文献可知，研究者们对于组织效能的含义界定存在着一定的差别。一部分学者侧重于从某一方面或某一阶段对组织效能进行定义，另一部分学者则运用综合分析方法，以求全面对其进行界定。之所以对组织效能内涵的界定言人人殊，源于他们所运用的理论基础有所不同。在以往的研究中，学者们提出了大量的组织效能理论研究模型，其中既具有代表性且在实践中应用较为丰富的主要有目标模型、资源基础模型、内部过程模型、利益相关者模型[①]。

1. 目标模型

目标模型是最早的也是最普遍应用的组织效能理论模型。这一模型主要聚焦于组织实现自身目标的能力，并且对组织运行的过程结果及最终结果非常关注。当组织实现了其事先订立的目标时，则认为组织的运作是高效能的。这意味着目标模型以组织及其内部成员的完全理性为假设前提，在此前提下，组织内部所有成员对组织目标完全认同并且始终以高效的方式开展各项目标任务，以此认为组织效能与组织目标完成程度之间的完全等价关系。在目标模型下，组织需要综合考虑多方面的因素，形成明确的目标集。由于组

---

① 杨文茵.基于网络化组织的企业组织效能管理系统研究 [D]. 华北电力大学，2018.

织在不同环境、不同发展阶段的发展诉求和使命不同，这就要求组织必须审时度势，动态把握组织的发展目标。

2. 资源基础模型

资源基础模型的支持者认为，组织的竞争优势来源于它所拥有的特殊资源，高效能的组织是能够与外部资源和环境建立并维持密切关系，并能从中获取组织所需的、可用于自身增值的知识、信息、技术、人才、资金等多种资源，通过对其进行整合并加以利用，提升自身效能水平。

3. 内部过程模型

内部过程模型关注组织的内部管理和运作过程，这一模型认为，在高效能的组织中，通过建立组织内部对员工充分信任的工作氛围及关怀员工的组织文化，可使员工增强对组织的信任感和忠诚度，使其完全融入组织，由此加强了组织成员之间不同层级及不同部门之间的沟通与协作，这意味着组织内部运行几乎没有压力。该模型以组织目标的设定及其实现均依赖于管理模式、运作过程的有效性为假设前提；一个理性的组织应能够建立以提高员工劳动效率、提升组织实现其目标能力为核心的管理过程。该模型基于实质理性的直觉概念，将组织成员的动机、动力、愿望、感觉、需求和价值观与组织目标联系起来，实现组织的效能。

4. 利益相关者模型

该模型认为，无论在组织内部，还是组织外部，都存在着与组织利益相关的人群，其中外部利益相关者对组织效能会产生更加显著的影响，组织通过了解并关注内外部利益相关者对自身的期待，并将组织是否满足了各方的期待及其满意程度作为衡量组织效能的重要标志。

（二）组织效能评价

Seashore S.E. 是首位对组织效能评价标准进行系统研究的国外学者。他提出由于衡量组织效能的各项指标或标准之间存在着一定的相关性，因此必须对评价标准进行相关性分析，其中首要的就是依据不同标准的用途或侧重点对其进行分类。具体包括以下五种分类方式：（1）目标与手段。部分评价标准代表经营活动的结果或目标，它们可根据自身的实现程度予以评价。部分标准是组织达到主要目的的必不可少的手段或条件。（2）时间范围。部分标准考查的是过去，部分标准则涉及到现在的状况，还有部分标准是预期未来的。（3）长期与短期。部分标准归属于一个比较短的时期，部分标准则归属于一个较长的时期。它们可能适用于衡量比较稳定的经营活动，也可能适用于衡量比较不稳定的经营活动。（4）硬指标与软指标。部分评价标准是根据实物和事件的特点、数量或发生的频率来计量的，称之为硬指标。部分指标则是根据对行为的定性观察或进行的民意测验的结果来衡量的，称之为软指标。（5）价值判断。部分变量呈线性变化趋势，部分变量则呈曲线变化趋势。由此，判断这些变量指标孰优孰劣时，就应该与其各自变化的规律和特性相适应。在不能使所有目标同时达到最优的情况下，如何在各个评价指标或变量之间进行权衡、取舍，在相当大的程度上取决于上述曲线的走向和形状。

通过对指标用途的分析，他提出了衡量组织效能标准的金字塔形指标层次体系。位于塔顶的是组织的最终标准，即组织的长期总体目标是否实现以及实现程度；位于金字塔中部的是一些中间标准，它们反映了组织在一定的生产经营周期内的业绩或成果，若干项短期指标衡量的短期经营业绩，而将它们整合后会得到更加综合性的指标，这些指标将对组织的最终经营成果产生决定性作用；位于塔底的则主要是组织针对当期的生产经营活动所设定的评价标准，基本上以中间标准的子指标或支撑性指标为体现，当期各项指标的实现往往能够为组织中期目标的实现奠定基础。

Peter F.Drucker 认为，Seashore 将组织视为一个封闭体系，未将组织嵌入外部社会等环境要素中去考虑，削弱了其研究的应用价值。他提出从八个方面来确定组织效能的标准，包括市场情况、创新能力、生产率、物质和财力、利润率、管理人员的工作和责任、工人的工作和士气、组织的公共责任。

不难发现，国内外的学者对于组织效能评价标准的研究结论是多种多样的。随着研究的深入，学者们逐渐认识到，无论采用何种标准衡量组织效能，首要的基本前提是，必须思考并解决以下问题[①]：基于何种理论来评估组织的效能？更加关注组织的何种活动？从组织的什么层次或层级来进行分析？为什么要开展效能评价？着眼于短期还是长期？是否考虑了组织属性的因素，即相同的准则能否应用于不同组织？

---

① 李成彦. 组织文化对组织效能影响的实证研究 [D]. 厦门大学，2005.

（三）组织结构的演化

伴随着经济社会的发展，组织结构也经历着逐步演进的过程。不同形式的组织结构及其演进过程，对组织效能理论研究至关重要。

1. 直线制

直线制是最早产生也是最简单的组织形式。它的特点是各级行政单位从上到下实行垂直领导，下属部门只接受一个上级的指令。其优点是：结构比较简单，责任分明，命令统一。缺点是：它对负责人的要求较高，需要其掌握多种知识、技能，并亲自处理各种业务。这在业务复杂、规模较大的情况下，显然是难以适用的。

2. 职能制

职能制，是各级行政单位除主管负责人外，还相应地设立一些职能机构的组织形式。这种结构要求行政负责人把相应的管理职责和权力交给相关的职能机构，各职能机构就有权在自己业务范围内向下级行政单位发号施令。其优点是：能适应现代技术复杂、管理精细的情况；能充分发挥职能机构的专业管理作用，减轻直线领导人员的负担。但其缺点也很明显：它妨碍了必要的集中领导和统一指挥；不利于建立健全各级行政负责人和职能科室的责任制，在中间管理层往往会出现争功推过的现象。

3. 直线职能制

直线职能制，是在吸取以上两种形式优点的基础上建立起来的组织结构，是当前绝大多数单位采用的组织形式。它将管理机构和人员分为两类，一类是按命令统一原则，对各级组织行使指挥权的直线领导机构和人员；另一类是按专业化原则，从事组织的各项职能管理工作的职能机构和人员。其优点是：既保证了管理体系的集中统一，又可以在各级行政负责人的领导下，充分发挥各专业管理机构的作用。缺点是：部门之间的协作和配合较差，很多工作需要向上层领导请示才能处理，这一方面加重了上层领导的工作负担，另一方面也造成了工作效率低下。

4. 矩阵制

矩阵制是既有按职能划分的垂直领导系统，又有按产品（项目）划分的横向领导关系的一种组合型组织结构形式。它的优点是：机动、灵活，可随项目的开发与结束进行组织或解散；任务清楚，目的明确，成员之间信息交流通畅，将个人工作同整体工作联系在一起，促进了项目实现。其缺点是：由于成员均来自不同部门，行政关系仍在原部门，所以项目负责人对他们管理困难。

5. 网络化组织

网络化组织是由多个独立的人、部门为了共同的任务而组成的联合体，其运行不靠传统层级控制，而是在定义组织成员的角色和各自任务基础上，通过紧密的多边联系、互利和交互式的合作来完成共同目标的组织形式。有关于网络组织的研究呈现出多学科交叉的特点。在社会学领域，网络组织关注社会成员之间由于互动而形成的相对稳定的关系体系，侧重于成员之间的互动和联系；在经济学中，网络组织是资源配置的方式，是与市场和层级并列的经济活动形态；在管理学中，它是企业之间通过合作、联盟等形成的或企业内部的网络化组织。

第三章　实践探索：通州区教师研修的发展

一、新时代的区域研修发展

（一）国外区域研修的发展

随着对教师在职研修实践取向的不断认识和实践，日本学者越来越关注教师实践性培训的研究，著作、论文等研究成果层出不穷，对日本制定教师研修政策方面提供了理论基础，推进了日本教师专业化的迅速发展。日本东京大学佐藤学教授在其代表作《课程与教师》一书中提出了三个主题：重建课程概念，将"传递中心课程"转变为"对话中心课程"；重建教师概念，将教师的角色由"技术熟练者"转变为"反思性实践者"；重建学校概念，将学校由"教育工厂"转变为"学习共同体"。佐藤学提出构建学习共同体的主张，对于解决教师研修中存在的问题很有启发意义，主张以课堂（学生的学习）为中心，构建教学研修共同体，形成教师专业成长的同心圆结构。美国为提高教师研修成效，专门成立了教师专业发展学校（PDS），该学校以中小学校为基础，是将校内的教育改革与教师教育改革紧密联系起来的一种新型模式，PDS 既是学校教育研究的实验示范校，同时又是培养教师继续发展的学校。英国谢菲尔德大学在大量调查基础上发现，当前教师在职进修存在诸多弊端，设计了中小学教师进修的"六阶段培训模式"，并要求在教师、学校以及校外教师进修机构之间建立一种合作解决问题的在职进修新体系。

相较于国内，国外区域研修的研究是在政府设立的教育协会或者教育机构组织下开展的。如美国西南教育发展实验室 SEDL 就与当地中小学教师建立了密切的合作研究关系，对中小教师开展课堂观察、个案研究，并借助问卷调查、能力与态度量表、反思分析、访谈等方式对当地中小学教师进行深入分析，从而探究适宜于当地教师的区域研修模式及支持策略。

当前，国外对信息技术环境支持的区域研修的定义倾向于教师们以实现自由平等的学习与交流为目标自愿结合，在信息技术搭建的平台上共享优秀经验、资源、讨论交流、合作学习，从而打破时空界限，提升教师的教育及研究能力。教师借助信息技术支持下的网络学习平台，以研修班、培训班、课题研究小组与教学研修活动等形式为主的在职教育与培训是国外比较流行的区域研修方式。其中典型的为美国的英特尔教育与新加坡在职教师的混合培训。

（二）国内区域研修的发展

国内教师区域研修的出现主要是因为新课程改革的发展，校本研修已经不能满足教师发展的迫切需要。研修方式开始打破校本研修间学校、学段及学科限制，逐步形成以开放、自由、综合、创新为特点的区域研修形式。随着理念的成熟，区域研修范围更加广泛、内容更加丰富，区域教研质量和效率得以提高，各区域结合已有现状和特点，探索出独特的区域研修文化。如四川省叙永县根据自身特点，打破传统的片区校本教研，构建区域研修联盟，有机地组合南北学校、城乡学校、强弱学校，形成了一个有着共同目标的研修共同体，创建区域教师研修新模式；北京市顺义区小学通过研修实践，提出区域教师研修一体化的"三期三型三式"研修的建设思路等。

当前国内对于区域研修的研究，主要是集中于各个地区区域研修开展的经验改进方案，且以个案研究为主，侧重于对某个区域教师研修的现状进行调查研究，如蒲大勇提出以教师有效教学经验建构区域研修模式，包括以下几种：互动交流模式、活动体验模式、"三格"研修模式、教研共同体模式、虚拟网络模式。重庆市沙坪坝区教师进修学院院长龚雄飞提出了区域研修的整体变革方式，重构研修范式：从"求知"向"笃行"转型，调整研修重心；从"研教"向"研学"转型，拓展研修主体；从精英向大众转型，并在沙坪坝区初步形成区域研修转型课程改革良性互动的局面。也有研究指出要回归"区域"本位，充分发挥区域研修部门在统领全区教师研修工作中的把关与定向作用，构建"研修一体"的运行制度模式。在上海、重庆、江苏区域研修模式创新基础上，实践梳理出了"片区成长联盟""区域网络平台""区域在线云教研平台""U—D—S—P 一体化"教研模式。比如浙江省设计并架构了"T"形研修体系，实施分层分类教师研修工作指导思路，以"研"的群体分层分类来设计"修"，架构了针对不同群体、不同层次的"T"形研修体系。

信息技术支持下的区域研修实践萌芽于 20 世纪 90 年代中后期网络教育应用的起步阶段，当前主要聚焦于构建信息技术支持下的相关研修平台或虚拟社区环境，中小学教师借助虚拟学习社区来开展区域研修活动。信息技术支持下的区域研修使中小学教师突破了以往在区域研修时所遇到的困难与瓶颈，对研修活动起着正向作用。因此几乎所有的教师区域研修项目都试图创建虚拟实践社区，实现在区域间研修活动的分享、反思与协作中探索教学模式或策略，促进区域教师互助与成长。国内信息技术支持下的区域研修是随着信息技术的融入而出现的一种研修方式，面向对象是中小学一线教师。其发展历程大致经过三个阶段：第一阶段，借助各种已有软件交流工具初步探索区域性在线研修社区的创建；第二阶段，区域协作创新研修平台与项目相继出现且逐渐得以完善，此时信息技术支持下的区域研修越来越多地被教师认识和接受；第三阶段，逐渐形成了初具规模的基于信息技术环境支持的区域研修活动，如作为教师培训基地，北京市西城区教育研修学院面向区域全体教师，构建了全新的研修一体化、研修课程化、网络常规混合式教师研修模式，把教学问题的解决与教师专业发展目标有机结合于一体；镇江市丹徒区以提高学科教师研修质量为目标，研发了基于区域特色的网络研修平台，通过平台网络研修模块开展区域教研活动，逐步做到了区域研修网络化和常态化，为区域内学校教师、教研员及教育管理部门提供服务。可以看出，当前区域研修活动的开展主要是为了满足教师研修的实际需求，打破了原有研修中学科、年级、学校界限，整合区域资源、实现区域教师的共同进步。同时区域研修结合了各地区自身特点，形成了独特的区域研修文化。

教育部明确提出要完善区域教研工作体系建设。2018年《中共中央 国务院关于全面深化新时代教师队伍建设改革的意见》、2019年教育部颁布的《教育部关于加强新时代教育科学研究工作的意见》、2022年教育部等八部门关于印发《新时代基础教育强师计划》的通知等政策文件都对建设高质量教师研修体系提出了新要求。2019年教育部出台《关于加强和改进新时代基础教育教研工作的意见》，更是明确提出要健全教研机构，完善国家、省、市、区、校五级教研工作体系，形成上下联动、运行高效的教研工作机制。从区域层面对推动教师研修工作体系建设进行实践探索，这既是落实教育部政策要求的重要举措，也是提升城市副中心教育发展质量的重要任务。

研修体系研究是对教师专业发展理论展开探索的重要途径。在教师专业发展过程中，将教师专业发展理论应用于教师培训中是十分有益的。教师需要客观地判断所处的阶段，并明确在不同的发展阶段要完成身份角色的转变，不同阶段对于教师专业素养及专业能力的提升存在不同的要求。对于身处不同专业发展阶段的教师来说，他们应该接受不同的教师培训，设置不同的培训目标与培训内容，在专业素养、专业知识及专业能力各个层面设计有针对性的学习课程与活动，才能使得教师在学习或者培训中收获更多有价值的知识，从而能够快速进入下一个发展阶段。

自"十五"以来，研修中心一直致力于区域研修运行机制改革方面的内部探索，研修机制历经三位一体—研修一体—研学共振—同心汇智 研修赋能的变化历程。在城市副中心快速发展的新阶段，教师研修体系尤其是高质量的研修体系还有很多方面需要继续深化研究。高质量的教师研修体系建设仍然面临较多挑战，比如教师群体专业素质有待提高、研修课程体系尚不健全、研修保障机制不够完善等现实问题。

二、城市副中心教育高质量发展

（一）城市副中心教育概况

目前，全区共有中学 48 所（其中公办 40 所，民办 8 所），在校生 34241 名；小学 44 所（其中公办 40 所，民办 4 所），在校生 81793 名。幼儿园 245 所（其中公办 81 所，民办 164 所），在园幼儿数 58926 人。

城市副中心建设以来教育八个显著变化。

1.市区两级共同发力，优质资源校密集落户通州

2017 年以来，在市教委统筹和兄弟区县支持下，先后东城区：北京二中、北京五中、景山学校、北京一幼海晟实验园、北京五幼；西城区：黄城根小学、北海幼儿园；海淀区：人大附中、首师大附中、北理工附中，以及市教委直属的北京学校、北京第一实验学校、北京第一实验中学落地通州。引进校全部实行"一个法人、一体化管理"，全部由本校校长任法人，带领团队进驻城市副中心。截至目前有近 500 名来自优质资源校的干部、教师在通州校区参与管理和教育教学工作。

2.教育基础设施快速提升，各学段学位数有效扩充

2017 年以来，全区新建、改扩建中小学 15 所，提升百年老校 5 所、农村校 18 所、幼儿园 17 所。新增建筑面积 268641.86 平方米，新增学位 15550 个。近三年中小学入学人数增加 3371 人，新增学位基本满足入学需求。小学新生入学人数中，非本市户籍学生稳中有降，2019 年非本市户籍学生 3731 人，自 2017 年以来，连续两年降幅超过 8%，按照本市户籍对待近两年平均增幅为 15%，从生源结构变化趋势来看，副中心人口结构正在悄然变化。

3.城乡教育质量均衡发展，区域教育质量显著提升

通过加强课程建设管理机制、深化课改项目研究建设，强化成果总结与凝练，进一步创新了课程实施，提升了课改质量；通过持续规范教育教学秩序，提升了教育教学质量；通过进一步推进信息化教学研究与实践，深化互联网＋基础教育项目实践，提升了信息化教学水平；大力推进学生综合素质评价及实践活动工作，加强

创新人才培养，实现了育人模式创新，持续提升了育人质量。

4. 基础教育综合改革推进有力

2017 年，市教委专行制定《通州区基础教育质量提升支持计划（2017—2020 年）》，确定通州区为北京首个基础教育综合改革实验区，力推八大工程。

（1）名校"手拉手"工程。统筹东城、西城、朝阳、丰台 31 所优质学校与通州区中小学建立"手拉手"关系，开展一对一的对口支持。一年多来，项目学校互访交流 500 余次，8000 余人次干部教师走进优质学校参加经验交流、听课评课、课堂教学等活动，通州区学生参与优质校各项活动 1000 余次。

（2）教育集团化工程。以示范高中为龙头，成立三大教育联盟（潞河中学、运河中学、永乐店中学），启动我区 64 所中小学形成的 12 个教育发展共同体建设工程。目前，基于教育联盟和共同体的教育集团正在落实推动。

（3）"1+3"贯通培养工程。三年相继获批三个"1+3"贯通培养项目，推进人才培养模式创新。在建设高中校创客空间的基础上，大力推进创客教育课程和成立英才学校。

（4）农村校质量提升工程。发动首都师范大学教育学院等专家团队，开展入校诊断，逐一制订教育质量改进计划，开展一校一策精准支持，提升农村学校教学质量。

（5）市级扩优改革工程。大力加强外教支持力度，三年外教覆盖率达到 65% 以上。借力北师大未来教育高精尖创新中心，以"互联网 +"和大数据创新教育基本公共服务方式。

（6）高中多样化发展工程。建立高中的个性化发展机制，构建个性化课程体系和发展路径，着眼中高考改革，借助内外优质资源，探索高中特色化、多样化发展新模式。

（7）"彩虹实践育人"工程。建立家庭、学校、社会实践教育育人体系。建立区级实践教育基地链，优化综合实践活动课程结构，丰富学农、学工实践课程体系，广泛开展学农、学工实践活动。

（8）创新人才培养工程。继续推进英才学校建设，进一步促进我区资优学生培养工作，积极探索拔尖创新人才的培养模式，提高我区学生创新精神和实践能力，形成各类人才辈出、拔尖创新人才不断涌现的局面。

5. 教师队伍整体素质大幅提升

2017年，市教委、市财政局专行制定《促进通州区教师素质提升支持计划》，启动实施20个项目推动教师队伍建设，建立24所市区两级教师培训培养基地，成立78个名校长、名园长、名教师工作室，组织教师参与开放型教学实践活动950余次、市级高端研修近9000人次，干部教师受训实现全覆盖，教师队伍整体素质显著提升。

在全市率先选聘社会化教育人才，打通用人渠道，突破体制壁垒，在岗位聘用、业务考核、职称评定方面实行编内编外同岗同质同管理；在薪酬福利、奖励评优、职务晋升方面落实同工同酬同待遇。

依托素质提升计划，在全系统实施"区管校聘"改革，在逐校逐科进行师资配置扫描的基础上，进行师资优化组合，拓宽师资流动渠道，有效促进了教育系统的人力资源均衡配置。

6. 城乡教育规划布局更加清晰明确

落实副中心控规，完成了新版《通州区基础教育设施专项规划》编制工作，做到了专项规划与控规紧密结合。主要取得以下成果。

（1）提高了配置标准。155 平方范围内，规划基础教育设施用地规模约 393.1 公顷，比现状教育设施用地规模（196.8 公顷）增加约一倍，约占规划总城镇建设用地的 3.93%。751 平方范围内，规划基础教育设施用地规模约 309.9 公顷，比现状教育设施用地规模（120.1 公顷）增加了 189.8 公顷。

（2）均衡了设施布局。本次规划，基础教育设施布局更加均衡。体现在：155 平方范围内，幼儿园按照 500 米服务半径均衡布局，小学按照 1000 米服务半径布局，中学按照 2000 米服务半径布局。"老城双修"中，将规划教育设施用地优先用于补充完善幼儿园、小学及初中，将高中适度向用地资源相对充裕的新建地区布局。751 平方范围内，提高学校建设标准，结合镇中心区规划，布局建设高标准学校，为远期引入优质教育资源，均衡全区教育品质创造了条件。

（3）补足了设施总量。155 平方范围内，城市副中心 12 个组团共规划新建基础教育学校 135 所。其中，幼儿园 79 所，小学 28 所，中学 23 所，九年一贯制 5 所。这些规划新建的基础教育学校在城市副中心控规中全部落图。重点补充了城市副中心幼儿园设施用地以及弥补老城区内设施用地缺口等问题。751 平方范围内，结合镇域规划，初步落实了各类基础教育设施用地的规模及布局。751 平方范围内共规划新建基础教育学校 139 所。其中，幼儿园 81 所，小学 34 所，中学 16 所，九年一贯制 8 所。总体上，本次规划形成了规模适度超前、布局相对均衡、服务全面覆盖的城市副中心基础教育设施体系。

7. 市直机关搬迁保障更为有力

行政办公区周边用于保障市级机关搬迁干部子女的教育设施全部做到"虚位以待"。其中，已开学或具备开学条件：北京一幼海晟实验园副中心园一园两址、北京五幼副中心园，提供学前学位 1080 个。黄城根小学通州校区、人大附中小学部提供小学学位 1440 个。北京学校小学部已基本完工，可提供小学学位 1920 个。在建在施：北海幼儿园副中心园（一园两址）主体结构年底封顶，明年 9 月投入使用，可解决学位 720 个。规划设计：规划中的育民小学、黄城根小学（召里校区）正在加快申报建设手续，建成后可解决学位 2400 个。

2019 年接收搬迁干部子女入学 607 人。其中，学前 179 人、小学 201 人、中学 32 人，转学 195 人。学前幼儿主要由北京一幼海晟实验园承接，小学生主要由北京学校承接，中学生主要由人大附中通州校区承接。

（二）对区域研修体系的新要求

"十四五"时期是我国全面建成小康社会，开启全面建设社会主义现代化国家新征程的第一个五年；是北京市进入落实"四个中心"城市战略定位、实现更高水平教育现代化、加速推进京津冀协同发展的转型关键期；是北京城市总体规划实施，促进城市副中心加快发展的关键期。通州区作为北京重点推进建设的城市副中心，京津冀协同发展的"桥头堡"，迈进了稳步优质发展的关键期，为通州区教育现代化建设带来了前所未有的新机遇、新挑战和新要求。北京市通州区教师研修中心（北京教育学院通州分院）[（以下简称中心（分院）]作为通州区教育的重要组成部分，应坚持世界眼光、国际标准、中国特色、高点定位，主动适应新形势、新要求。

区域经济和社会发展的新形势，要求中心（分院）必须打开研修工作新格局。建构集提升和贯通研修员生命格局、研修团队合作格局、研修职业价值格局、研修系统发展格局、研修文化战略格局和研修事业时代格局等于一体的全新研修机构、研修网络和研修实体，开创研修事业育人新局面，将研修育人提高到全新的高度，建构副中心高品质研修体系。

国家和北京市教育综合改革的新任务，要求中心（分院）必须进一步发挥研究、引领、指导、服务四个职能。落实国家教育现代化新目标、国家教育核心和重点新突破，推动课程改革、教学改革。激发广大学校发展活力，从学校、课程、教师、课堂、质量等方面促进区域教育的改变，助力广大学校提升办学质量，办出特色、办出优势，助力副中心教育整体升级，助力副中心建设成为北京基础教育优质均衡示范区、教育体制机制创新引领区、教育开放融通先行区和京津冀教育协同发展先导区，形成副中心的教育发展新格局。

　　教育发展的新理念与新趋势，要求中心（分院）必须与时俱进开拓创新。教育兴则国家兴，教育强则国家强。面对教育组织形态、学校管理架构以及人才培养模式发生的深刻变革，中心（分院）作为通州区教育发展高地，肩负弘扬传统、引领改革的使命，要直面挑战，创新发展，主动聚焦"五个新"发展环境，坚持立德树人根本任务，加快教育现代化建设，围绕建设高质量教育体系，以教育评价改革为牵引，以"科教兴国"为己任，实现副中心教育综合改革成效再上新台阶。

　　通州区"十四五"发展规划要求，全面提升教师队伍教书育人能力。深化"研学共振"引领下的科研、教研、培训一体化发展机制，统筹区级教研和校本教研，建构教育教学的专业支持系统。利用北京师范大学、首都师范大学、北京教育科学研究院、北京教育学院等单位的教育学科优势和培训资源成立市级教师培训培养基地。通州区"十四五"发展规划明确提出"教师队伍质量提升项目"。继续实施教师素质提升计划，盘活师资存量。开展"教非所学"教师专题培训；支持义务教育阶段教师参加跟岗脱产培训；支持教师参加城区的教师研修活动；支持骨干教师送教到校；支持干部教师学历提升；支持校长、骨干教师参加市级高端研修；建设市级教师培训培养基地。

　　城市副中心高质量发展离不开教育的高质量发展，而教育高质量发展则对区域教师研修体系提出了新要求。2021年9月，为全面贯彻落实党中央、国务院决策部署，高起点、高标准、高水平规划建设城市副中心，北京市委、市政府印发《关于推进北京城市副中心高质量发展的实施方案》（简称《实施方案》）。《实施方案》中着重强调了高素质专业化教师队伍的建设，要加大支持力度、实施教师素质提升计划。城市副中心高质量教师队伍建设的战略定位，将对通州区教师研修体系提出新要求，需要明确教师高素质发展对教师研修体系的新需求，进而优化城市副中心高质量教师研修体系的服务定位、组织模式，从而为教师高质量发展提供个性化、精准化的研修课程体系及资源支持。因此，中心（分院）聚焦高品质的教师研修需求，坚持科研、培训与教研的一体化融合，完善区域高质量教师研修体系。

中心（分院）坚持以习近平新时代中国特色社会主义思想为指导，全面贯彻落实党的教育方针，把握时代发展趋势，面向北京城市副中心高速度、高标准、高质量发展的需求，以以德为先、面向人人、全面发展、终身学习、知行合一、因材施教、融合发展和共建共享教育现代化八大理念为先导，以服务学校教育教学、服务教师专业成长、服务学生全面发展和服务教育管理决策四个服务为核心，以共同研修为基础，以区域重大课题（项目）研究为动力，以人工智能、大数据新技术支撑为外延，以团队合作为代表，大力推进研修理念、体系、制度、内容、方法、治理的现代化，全方位深化新时代教育教学改革，努力办好人民满意的副中心教育，为副中心乃至全国的教育高质量发展提供一定的软实力和硬支撑。

到 2025 年，培养一支具有敢于担当、专业精湛、结构优化、锐意进取的高素养的创新型研修员队伍。同心汇智，研修赋能，构建研修自组织动力系统。着力建设教育质量提升工程，着力建设教师素养提升工程，着力建设学生发展指导工程，着力建设资源开发建设工程，努力实现区域研修现代化。打造资源平台，提升服务质量，推动研修事业不断升级发展，着力构建优质均衡的高质量教育体系，推进教育治理体系、教育治理能力的有效提升，不断开启区域教育高质量发展新进程，助力通州区教育体系高质量的建设，助力城市副中心教育的高水平发展。

三、通州区研修的历史发展

（一）通州研修机构的发展

通州区研修从 1905 年的通州教育研究会，发展到今天的北京市通州区教师研修中心（北京教育学院通州分院），百年的发展历程，可大致梳理为六个时期：初创期（1905—1957）、规范期（1958—1965）、挫折恢复期（1966—1983）、稳定成熟期（1984—1999）、可持续发展期（2000—2014）、北京城市副中心教育定位发展期（2015—2018）。

通州区教育研修最早可以追溯到 1905 年的通州教育研究会。在初创期（1905—1957），通州区教研工作只是小学教育教学研究，进行了小学整顿与改革试点工作，多次组织区域内的教育教学经验总结会、观摩会和展览会等。

在规范化时期（1958—1965），中小学加强了教学研究与教学改革，以课堂教学为中心，加强基础知识教学和基本技能训练，教师间开展教学研究，共同备课、互相听课、总结交流教学经验。县教师进修学校教研员经常深入学校听课，检查指导教师备课，研究改进课堂教学，利用寒暑假期举办贯彻教学计划，教学大纲，研究新教材的教师培训活动，促进了教师业务水平的不断提高。

在挫折恢复期（1966—1983），县教师进修学校教研员人数增加，逐渐加强学科教学指导，建立了中心教研组，狠抓中小学毕业升学考试工作，还开始实验投影幻灯进入课堂教学，呈现了教研改革新趋势。

在稳定成熟期（1984—1999），中小学的教研工作以课堂教学改革为中心，开展教学专题研究，进行教改实验，注重发展学生智力，培养学生能力，强调向课堂教学45分钟要质量。这一时期，通州教研工作内容更加丰富，教研工作方式也日趋成熟，为新世纪的通州教研发展奠定了坚实基础。

进入新世纪，特别是通州区教师研修中心成立以来，顺应教育发展趋势，知行研修，创新教研工作模式，从"三位一体"到"研修一体"，通州研修模式的探索不断深化，承上启下，这一时期可以称为可持续发展期（2000—2014）。

2015年之后，北京城市副中心建设逐步深入。面对新形势，通州教研在传承既有教研成就的基础上，进一步转型升级，这一时期可以称为北京城市副中心教育定位发展期（2015—2018）。这一时期，研修中心积极探索"研学共振"的系统研修策略。

（二）通州研修模式的发展

通州区教研机构如果从 1905 年的通州教育研究会算起，发展到今天的北京市通州区教师研修中心（北京教育学院通州分院），已经一百多年的历史了，虽无严格的传承，但梳理之后，我们依然会发现一条发展脉络，在不断创新教研模式中发展：三位一体—研修一体—研学共振—同心汇智　研修赋能。

1. 三位一体

1999 年 7 月，通州区教师进修学校针对如何充分发挥教研、科研、电教三者各自的独特优势，弥补其劣势，适应教育改革发展的需要，形成教育合力，明确提出了一个全新的教研课题："教研、科研、电教三种教育资源整合的研究"，简称"三位一体"。2002 年，通州区教师进修学校将"三位一体"研究以《关于区县教师进修学校教研、科研、现代教育技术三种教育资源整合的研究》为题，申报并被批准立项为北京市教育科学规划"十五"重点研究项目。其核心思想是：以教研为中心，以科研为先导，以现代教育技术为平台，推进课程教材改革，深化素质教育。在教师进修学校内部，从运行机制到教研方式进行三种教育资源的整合，创设研究氛围，提高教研员综合素质；在基层校内部从领导教师的观念入手，将三种教育资源整合的思想落实到教育教学行为中，创建新型的课堂教学模式，提高教师的专业化水平，提高教育教学质量。

"三位一体"开展教学研究的构想，即"以教研为中心，以科研为先导，以电教为手段，深化教学改革，减轻学生过重负担，提高教学质量，全面推进素质教育"。以教研为中心，即进一步明确了课堂教学是实施素质教育的主渠道；以科研为先导，即在教学工作中必须增强科学性减少盲目性，增强规范性减少随意性，增强前瞻性减少滞后性，通过大量的行动研究、实证研究、案例研究等方法，总结经验、探索规律、形成特色；以电教为手段，即以现代化教育技术作为实施素质教育的突破口，形成教育学生、影响学生学习的外显资源。"三位一体"开展教学改革，创建新型教学模式绝不是三方面的简单相加或行政捆绑，而应是教研、科研和电教各自优势互补，水乳交融、浑然一体，最终目标是每个教研员、每个教师均成为"三位一体"的复合型人才。

2. 研修一体

2005 年 7 月，通州区教师进修学校、通州区第一教师进修学校和通州区教育信息中心完成了机构上的合并，成立了通州区教师研修中心（北京教育学院通州区分院），设有高中研修部、初中研修部、小学研修部、学前研修部、信息网络部、教科研部、师训部、干训部和职成研修部九个教研部室。专职教研员 121 人。2006年增设了德育研修部，2008 年增设了中小学技术与活动研修部，专职研修员 134 人，2008 年聘任一线教师为兼职研修员 81 人。

《教师研修中心'研修一体'制度体系与运行机制的研究》2006 年被立项为北京市教育科学"十一五"重点课题和北京教育科学研究院委托课题。"研修一体"研究的要点主要包括：（1）建立一套长效的研修制度体系是基础。强调每位教师在工作岗位上的研修，使教学研究工作与业务进修融为一体。（2）探索一组切实可行的研修策略是重点。研修活动力求贴近课堂、贴近教师、贴近学生，探寻理论与实践的结合点，做到形式新颖，寓教于乐。（3）激发教师自我发展的研修意识是关键。重视激发教师自我发展的意识，把"要我研修"变为"我要研修"。"研修一体"课题研究，明确了教师研修中心发展的方向和工作模式，实现了教育研究与教师培训两大机能的最佳组合，因此，获 2009 年北京市基础教育教学成果奖。

研修中心被历史地赋予了"研"与"修"的双重职责。我们试图通过课题的研究，建立一套适应本区教师教育现状的"研修一体"制度体系，建立一套与"研修一体制度"相适应的"研修一体运行机制"，探索出行之有效的实施策略和操作模式，促进研修员和基层教师的专业发展，促进校本研修和研修中心自身建设。"研修一体"中的"研"主要是指教研、科研，"修"指教师进修、培训。"研修一体"就是指在教师教育中把教育研究与教师培训有机地融合在一起。因此，教研员的称呼也改成了研修员。

三家合并之后，围绕"研修一体"，研修中心在三家原有制度的基础上，整合内部人力、物力、财力各种资源，编辑了《通州区教师研修中心（北京教育学院通州分院）制度汇编》，根据研修工作的需要设立了研修业务部门、管理部门、服务部门三大部门14 个职能部室，发挥了一定的导向作用。研修中心为更好推进研修一体制度的落实，在实践中采用研修员优先发展策略、区域联动策略、专家主导策略、教师培训策略、网络研修策略、科研先导策略、校本导引策略等七大策略。

随着课程改革的不断深入，通州教师研修中心对"研修一体"的认识，走过了一个从间接、朦胧、分立、局部的探讨到直接、清晰、集中、整体的研究过程，其中，孕育着通州区教师研修中心对学术至上的渴望和追求。随着"研修一体"研究的深入，改称"知行研修"。知行研修，是对"三位一体"到"研修一体"的通州教研的传承，也是对新世纪教研工作融合这一发展趋势的回应。知行研修为通州教研发展打下了可持续发展基础。"知行研修"是在不断地接触、开创、交流、碰撞、消化、融汇之中得到的概念。"知行研修"不是简单的"零和"模式，而是一个动态的发展过程，不可能静止不动。"知行研修"的内涵意义：一是求真，二是经世。求真是学术性的体现，经世是社会性的要求。"知行研修"把两者融为一体。

3. 研学共振

中心（分院）肩负区域教育教学研究、培训、指导、管理、服务等职能。在"十二五"时期，坚持深化"研修一体"思想，践行科学发展观，服务全区教育教学质量水平的提升，科研与管理经验辐射全市乃至全国，取得了一系列成绩。着眼于高起点、高站位、高标准的北京城市副中心建设需求，中心（分院）构造科学化、合理化、专业化的发展蓝图，锤炼素质优良、创新进取、团结协作的研修员队伍。客观分析过去，研究研学共振思想。

研学共振指研究与学习相结合，在"知行合一、进德修业"理念指导下，开展研学活动，提升研修的质量和水平。具体来讲，"研"指研教、研学和研训。"学"指学情分析、学法指导、学校学风建设，区域教育学习型组织的形成；分为研修员学、教师学和学生学三个层次。共振就是与研学相关诸要素之间形成良好的互动关系，目标一致，和谐共进。研学共振总的来说就是通过研修员深入一线，调查研究，亲身实践，示范引领，开拓创新，以自身的主动变革，带动学校干部、教师转变教育观念，顺应时代要求，协同发展，创新育人模式，提升区域教育教学水平。

如今，在北京城市副中心建设背景下，通州教研发展面临着新的问题，需要在继承的基础上变革。研学共振就是对知行研修的传承和发展，而系统性教研是研学共振的实践探索，将不断赋予教育机构新的历史责任，同时也给研修工作提供了广阔的创新舞台。

"研学共振"指向教育系统中诸要素之间的和谐互动关系。"研"指研学、研教和研训；"学"指学情分析、学法指导、学校学风建设、区域教育学习型组织的形成。以学生为中心，以未来为导向，通过理论与实践相结合，研究与学习相结合，使教育系统中诸要素目标一致、主动发展、和谐共进。

"系统教研"是"研学共振"理念下的教研实践路径。针对当前教研工作中依赖个人经验和单向传授的弊端，站在区域学科教研历史传承与特色发展的高度，深层次介入教师专业发展过程之中，构建具有系统性的研训模式。系统教研具有整体性、层次性、相关性和开放性的特点。

"研学共振"和"系统教研"是"道"与"器"、理念与方法、目标与途径的关系。价值取向是研学研教、问题导向、植根课堂和合作共成。这既体现了当前教育教学发展改革的趋势，也传承了通州研修的优良基因。"研学研教",凸显出教研从单一的"研教"到"研学研教"结合的转变,"研学"成为教研、教学最为根本的基础,也是其起点和目的;"问题导向"是教研工作的特征,问题思维是教研设计的思维方式;"植根课堂"强调课堂教学研究始终是教研的中心议题,教研员的"力量"来自于课堂实践;"合作共成"是把教师从"配角"或"执行者"的地位中解放出来,调动教师教学研究和教学创新的积极性,教研员和教师、教师与学生在学习中合作,在合作中共同成长,共同提高。

4. 同心汇智 研修赋能

同心汇智即中心(分院)上下同欲,齐心协力,汇科技之智,汇人文之智,汇集体之智,汇世界之智,开创研修事业新格局。研修赋能指中心(分院)以研修给予正能量,激发个体的才智与潜能。通过研修,为研修员赋能,为师生赋能,为通州教育赋能,为区域文化乃至中国教育赋能。"同心汇智 研修赋能"体现了研修中心在新时代、新局面、新趋势下,上下同欲的共识、赋能成长的智慧、面向未来的格局。它是一种学术氛围,是一种教育理念,也是一种管理思维。

同心汇智:智能时代,是未来社会的发展趋势。智慧城市,是通州城市的发展定位。研修中心,是智慧的平台,是智者的联盟,是教育的智库。汇科技之智,为未来奠基;汇人文之智,传千年文脉;汇集体之智,成教育盛景;汇世界之智,创全新格局。同心汇智,以开阔的格局,去凝聚更广泛的力量,成就更大的事业。

研修赋能:智慧从何产生?通过赋能,激发内在的能量。"赋能"一词最早源于积极心理学，旨在通过言行、态度、环境的改变给予他人正能量，以最大限度地发挥个人才智和潜能。后来，这一概念被应用于组织的管理中。赋能，意指创造环境、激发个人潜能，不仅仅指从外部赋予个体能力，更是激发出个体内在的潜能。教育，本身就是赋能的过程。苏联著名教育家苏霍姆林斯基在《要相信孩子》一文中说："教育者的任务在于发现每个受教育者身上一切最美好的东西，发展它们，不去用学校里的条条框框限制它们，鼓励独立工作，进行创造。"研修，也是一种赋能。研修中心为谁赋能？为研修员赋能，为师生赋能，为通州教育赋能，为区域文化乃至中国教育赋能。研修中心如何赋能？提供专业指导，提升业务能力。引领未来方向，促进思维升级。拓展优质资源，开阔视野格局。提供展示平台，绽放自我价值……研修赋能，彰显价值感，凝聚归属感。既自我赋能，又赋能他者。

四、通州区教师发展需求

（一）调查背景、工具及样本分布

1. 调查背景

北京城市副中心，规划范围为原通州新城规划建设区，总面积约 155 平方公里；2021 年国务院发布关于支持北京城市副中心高质量发展的意见，其中教育高质量发展是重要配套内容，也将是本研究的主要对象，其中以城市副中心中小学幼儿园的高质量教师队伍建设为核心对象，助力城市副中心各级各类学校高质量办学。城市副中心的高质量发展对区域教育发展提出新的挑战和需求，需要通过调查研究等方法准确定位城市副中心高质量教师研修体系的高标准需求特征，构建适合城市副中心发展的教研、科研、培训有机融合的高效率研修机制。

问卷调查法是本研究的重要研究方法。为全面了解城市副中心高质量发展对教育的需求，以及区域教师研修体系建设的现状与问题，本研究将对城市副中心教育高质量发展对研修体系的需求进行问卷调查，从研修机制需求、研修课程需求、教师专业发展现状及需求三个方面对区域教师研修现状和专业发展需求进行调查，据此搭建促进教师专业发展的研修体系。通过对城市副中心教育高质量发展对研修体系的需求调研工作，对高质量研修体系特征、需求及理论进行深入分析，为城市副中心高质量教师研修体系研究提供决策依据。

2. 调查工具

为了解城市副中心高质量教育发展需求，助力高质量教师研修体系建设，本研究专门开发了北京城市副中心高质量教师研修体系需求调查问卷。调查工具保护了城市副中心教师的群体特征、城市副中心教师的专业发展需求、参与通州区教师研修活动的感受评价、通州区各学科研修员业务指导的主要方式及成效等模块内容。在此基础上，本研究专门使用了教师专业发展的权威量表，个别调查量表虽然来自于国外，但是目前在国内都已经有了比较广泛的应用。因此作者在比对中英文版量表的基础上，邀请三名教研员根据丰富的一线教学经验，对题项的表达方式和用词等做了微调。

具体包括教师育德能力的现状诊断量表、教师职业倦怠量表、教师教学效能感量表、教师专业学习力量表以及教师课程建设能力、教师 TACPK 能力等。其中，教师职业倦怠量表［MBI-ES: The Maslach Burnout Inventory–Educator Survey（Maslach et al., 1996）］被国内研究者用来测量教师职业倦怠，该量表的英文版还没有公开，由 UC Berkley 心理系教授 Christian Maslach 开发，分为三个维度：情感枯竭、非个人化、低成就感。教师专业学习来自于 Kwakman, Thoonen, Sleegers, Oort, et al.（2011） 和 in de Wal, den Brok, Hooijer, et al.（2014）等人研究中对教师学习测量的题项，国内刘胜男（2016）曾在调研中应用该量表，信效度良好，包括协作、反思、创新和获取新知等四个维度。

在量表类题目的选项设计中，本研究主要采用 Likert5 点计分法，1—5 表示"从完全不符合到非常符合"。运用验证性因素分析方法检验工具的效度，结果表明各个调查量表问卷的效度良好。采用 Likert 量表常用的信度检验方法即内部一致性系数（Cronbach's Coefficient Alpha, α）对工具进行信度检验，各量表及维度的 α 系数均在 0.7 以上，AVE 均大于 0.5，CR 均大于 0.6，信度良好。

3. 数据分析思路

本研究采用 SPSS19.0 和 EXCEL 对数据进行统计、分析，主要使用描述性统计分析、聚类分析，多元线性回归分析以及中介效应检验对数据进行处理。首先，对主要变量进行描述性统计分析，考察各主要研究变量上的人口计量学差异；其次，分别采用多元回归方法，探索各个变量指标对教师专业发展的独特效应，独特效应是指多个预测变量同时作用于相同结果变量时各自的预测作用是否不同于零，其目的是考察多个前因变量的共同作用时各自的效应。重点是分析城市副中心教师在专业发展各维度上的现状，挖掘城市副中心教师对已有教师研修服务的满意程度，以及对未来副中心高质量教师研修体系的期待、需求及建议等，形成教师研修体系建设的政策建议。

4.调查样本分布

本次调查抽样学校涵盖了幼儿园、小学、初中、高中、九年一贯制学校等教育机构，基本上覆盖了通州区的各级各类学校，具有较好的学校类型代表性。本次调查共计有 3384 名教师参与，样本量非常大，具有很好的抽样代表性。共计有 35 所中小学幼儿园参与本次调查，其中有 9 所幼儿园、9 所小学、7 所高中、9 所初中、1 所职业学校。详细的样本分布情况见表 3-1。

表 3-1　高质量研修体系建设问卷分层抽样名单

学段	城乡	A 类	B 类	C 类
高中	城市	潞河中学	运河中学西校区	—
	城乡	人大附中通州校区	北京五中通州校区	—
	乡村	永乐店中学	北理工附中	张家湾中学
初中	城市	玉桥中学	运河中学东校区	北关中学
	城乡	育才分校	梨园学校	北京五中通州校区
	乡村	永乐店中学	次渠中学	潞县中学

续表

学段	城乡	A 类	B 类	C 类
小学	城市	中山街小学	临河里小学	北苑小学
	城乡	梨园中心校	潞苑小学	研修中心实验学校
	乡村	宋庄中心校	台湖中心校	西集中心校
幼儿园	城市	新城东里幼儿园	临河里幼儿园	七零九零幼儿园
	城乡	大方居幼儿园	华远铭悦幼儿园	潞苑幼儿园
	乡村	张家湾幼儿园	西集幼儿园	次渠家园幼儿园
职教	职业学校	新城职业学校		

本次调查共计有 3384 名教师参与，其中，高中阶段教师 1130
人，初中阶段教师 865 人，小学阶段教师 786 人，幼儿园阶段教师
521 人，职教学校 56 人，另外有其他学校教师 26 人参与。详细的
样本分布情况见图 3-1。

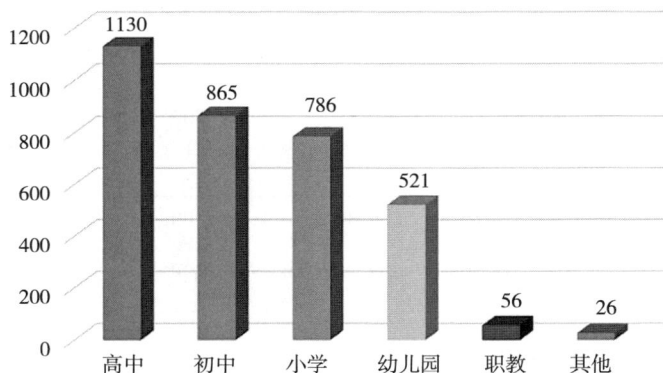

图 3-1 样本学校名称及参与调查人数

本次参与调查的样本教师中，总体上以普通教师为主，仍然有
55 位校领导填写问卷，中层干部占比在 14.5% 左右，普通教师占
比约为 84%。详见表 3-2。

表3-2　样本教师职务分布情况

选项	小计	比例
A. 校领导	55	1.63%
B. 部门中层	166	4.91%
C. 年级组长	86	2.54%
D. 教研组长	238	7.03%
E. 普通教师	2839	83.89%

主要教授学科	Freq.	Percent	Cum.
体育	211	6.24	6.24
其他	693	20.48	26.71
综合实践	66	1.95	28.66
化学	103	3.04	31.71
历史	93	2.75	34.46
地理	107	3.16	37.62
思政	187	5.53	43.14
数学	484	14.30	57.45
物理	151	4.46	61.91
生物	85	2.51	64.42
美术	89	2.63	67.05
英语	363	10.73	77.78
计算机	78	2.30	80.08
语文	581	17.17	97.25
音乐	93	2.75	100.00
共计	3384	100.00	

图3-2　样本教师学科分布情况

（二）指向现在：城市副中心教师队伍综合素质水平

1.城市副中心教师队伍的年龄学历结构状况

（1）教师队伍年轻化特征突出，继续加快基本教学能力培训。

3384名样本教师的性别以女性为主，总体占比80.1%，男性占比 20% 左右。样本教师中 35 岁以下教师占比 47.6%，28 岁以下教师占比 20.5%，由此可见，城市副中心教师队伍的年轻化态势明显。从年龄结构上看，36—50 岁教师占比 42.6%，50 岁以上教师占比仅为 9.7%，表明了城市副中心教师队伍的年龄结构比较合理，队伍整体处于年富力强的阶段。但是也面临一个比较迫切的现实问题，年轻老师很多，如何加强对年轻教师的教育教学基本能力培训，是研修中心的重要任务。当然，主要是幼儿园教师的年龄结构偏低，28 岁以下教师幼儿园占比 47.2%，高中最少，只有 11%。

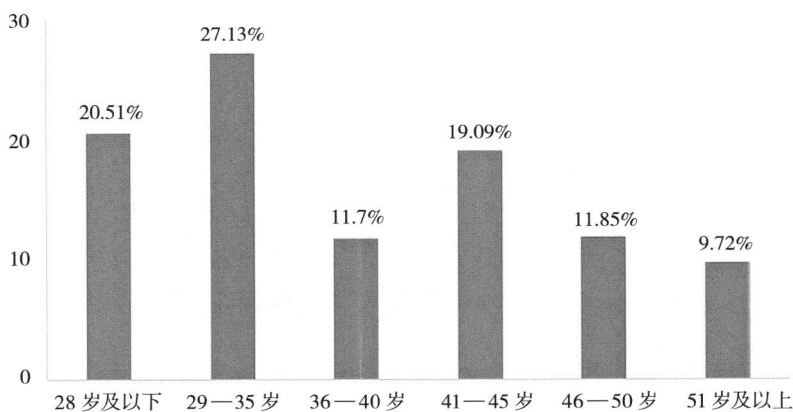

图 3-3　样本教师年龄结构分布

（2）教师队伍学历水平仍有待提升，亟须组织教育硕士进修。

根据样本教师学历水平分布看，主要以本科学历教师为主，占比 76.2%，研究生及以上学历占比为 19.6%。其中，博士学历教师只有 24 名，硕士学历教师有 640 名。141 位专科学历教师中，有 119 位是幼儿园老师。高中教师的学历水平最高，硕士学历教师占比 26.9%。从现有的学历水平看，与北京市海淀区、西城区等教育发达地区的差距较大，也与城市副中心高质量教育体系建设的需求存在一定差距。所以，一方面要加快高学历人才的引进，提高硕博士学历层次教师占比；另一方面要加大现有教师的学历提升力度，通过教育硕士等形式加快提升教师学历水平，这方面也需要研修中心提供平台。

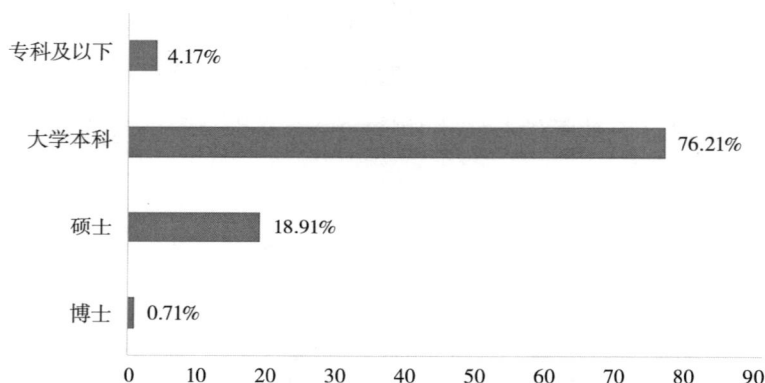

图3-4 样本教师学历结构分布

（3）教师队伍职称结构相对合理，义务教育积极性调动仍需增加高级比例。

根据样本教师职称结构分布看，中级职称教师占比35%，高级职称教师占比20.3%，其中正高级教师只有21名，占比0.6%。进一步分学段来看，高中阶段高级教师占比最高，为33.2%，幼儿园为4.4%，小学为12.5%，初中为17.5%，主要是指副高级教师。由此可见，义务教育阶段高级教师的比例相对偏低，为进一步调动教师积极性，还需要增加高级职称比例的分配，尤其是针对农村教师的支持有待加强。

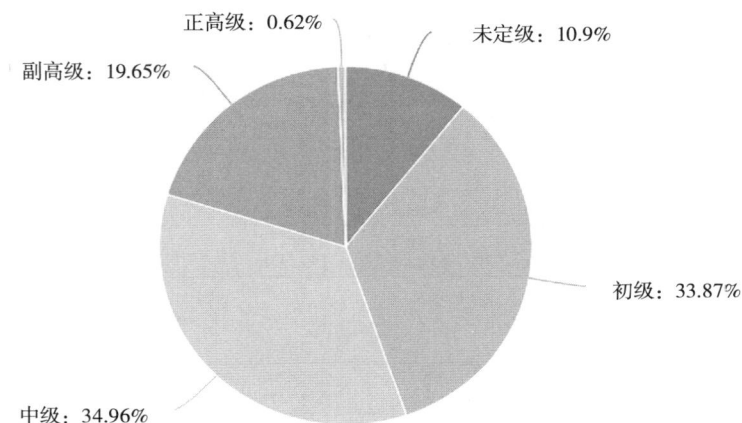

图 3-5 样本教师职称结构分布

2. 城市副中心教师队伍班主任工作经历及科研能力

（1）"三全"育人背景下教师班主任工作经历可再提升。

样本教师的班主任工作年限平均为 6.6 年，教师教龄平均为 14.8 年，班主任年限占教龄总长的 44.6%。对比各个学段情况看，小学教师的班主任年限普遍偏长，幼儿园教师年限最短。总体来看，在全员育人视角下，建议进一步增加教师的班主任工作履历，比如增加副班主任的设置，减轻班主任负担，让更多教师参与育人全过程。

—> 学校学段 = 初中

Variable	Obs	Mean	Std.Dev.	Min	Max
班主任年限	865	6.108671	6.986079	0	37
教龄	865	15.82081	14.503	0	310

—> 学校学段 = 小学

Variable	Obs	Mean	Std.Dev.	Min	Max
班主任年限	786	8.152672	9.236157	0	103
教龄	786	15.64249	15.84256	0	335

—> 学校学段 = 幼儿园

Variable	Obs	Mean	Std.Dev.	Min	Max
班主任年限	521	5.314779	5.158707	0	27
教龄	521	7.90595	5.963413	0	38

—> 学校学段 = 职业学校

Variable	Obs	Mean	Std.Dev.	Min	Max
班主任年限	56	6.964286	5.682395	0	27
教龄	56	18.85714	9.358377	0	48

—> 学校学段 = 高中

Variable	Obs	Mean	Std.Dev.	Min	Max
班主任年限	1130	6.445133	5.889678	0	29
教龄	1130	16.49912	9.837677	0	52

图 3-6　样本教师班主任年限和工作年限分布

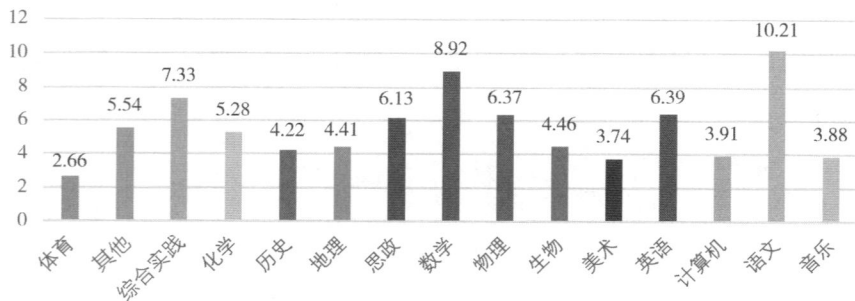

图 3-7　样本教师分学科班主任年限对比

（2）教师科研基础好、未来有待打造研究型教师教育品牌。

本研究设计了两个关于教师科研能力的调查题目，一个是关于教师主持课题的数量，即"近5年您主持的区级及以上规划课题数量"，结果显示，3384位样本教师的平均主持课题数量为0.51项，总体主持数量较高，一般教师有主持区级课题的工作经历，产生了较好的示范带动作用。另外一个是关于教师公开发表文章的数量，即"近5年您以第一作者公开发表的文章数量"，结果显示，3384位样本教师的平均发表文章数量为1.5篇，总体发表文章数量较多，反映出教师较高的成果提炼能力和实践能力。

—> 学校学段 = 初中

Variable	Obs	Mean	Std.Dev.	Min	Max
近5年主持课题数	865	0.5202312	1.11071	0	13
近5年发表论文数	865	1.336416	2.539754	0	35

—> 学校学段 = 小学

Variable	Obs	Mean	Std.Dev.	Min	Max
近5年主持课题数	786	0.4732824	1.2415	0	13
近5年发表论文数	786	1.75827	4.119253	0	34

—> 学校学段 = 幼儿园

Variable	Obs	Mean	Std.Dev.	Min	Max
近5年主持课题数	521	0.43762	1.263559	0	22
近5年发表论文数	520	1.919231	4.538979	0	43

—> 学校学段 = 职业学校

Variable	Obs	Mean	Std.Dev.	Min	Max
近5年主持课题数	56	0.9821429	5.368227	0	40
近5年发表论文数	56	1.232143	3.009023	0	20

—> 学校学段 = 高中

Variable	Obs	Mean	Std.Dev.	Min	Max
近5年主持课题数	1130	0.5362832	1.393714	0	31
近5年发表论文数	1130	1.287611	2.395287	0	20

图3-8 样本教师主持课题和发表论文数分布

—> 学校等级 =A 类初中

Variable	Obs	Mean	Std.Dev.	Min	Max
主持课题数	448	0.5111607	1.156582	0	13
发表文章数	448	1.316964	2.785787	0	35

—> 学校等级 =A 类小学

Variable	Obs	Mean	Std.Dev.	Min	Max
主持课题数	223	0.6367713	1.46056	0	7
发表文章数	223	2.085202	4.522905	0	30

—> 学校等级 =A 类幼儿园

Variable	Obs	Mean	Std.Dev.	Min	Max
主持课题数	154	0.6883117	1.982009	0	22
发表文章数	154	2.564935	5.139779	0	40

—> 学校等级 =A 类高中

Variable	Obs	Mean	Std.Dev.	Min	Max
主持课题数	619	0.6300485	1.69058	0	31
发表文章数	619	1.327948	2.329085	0	20

—> 学校等级 =B 类初中

Variable	Obs	Mean	Std.Dev.	Min	Max
主持课题数	230	0.5	1.009778	0	11
发表文章数	230	1.669565	2.510143	0	15

—> 学校等级 =B 类小学

Variable	Obs	Mean	Std.Dev.	Min	Max
主持课题数	256	0.328125	0.6699063	0	4
发表文章数	256	2.011719	4.766289	0	34

—> 学校等级 =B 类幼儿园

Variable	Obs	Mean	Std.Dev.	Min	Max
主持课题数	198	0.4141414	0.9013256	0	6
发表文章数	197	2.142132	5.354771	0	43

—> 学校等级 =B 类高中

Variable	Obs	Mean	Std.Dev.	Min	Max
主持课题数	411	0.4257908	0.9059244	0	10
发表文章数	411	1.107056	2.057283	0	12

—> 学校等级 =C 类初中

Variable	Obs	Mean	Std.Dev.	Min	Max
主持课题数	187	0.5668449	1.12143	0	6
发表文章数	187	0.973262	1.812244	0	10

—> 学校等级 =C 类小学

Variable	Obs	Mean	Std.Dev.	Min	Max
主持课题数	307	0.47557	1.412557	0	13
发表文章数	307	1.309446	3.069778	0	26

—> 学校等级 =C 类幼儿园

Variable	Obs	Mean	Std.Dev.	Min	Max
主持课题数	169	0.2366864	0.5591902	0	3
发表文章数	169	1.071006	2.229601	0	15

—> 学校等级 =C 类高中

Variable	Obs	Mean	Std.Dev.	Min	Max
主持课题数	100	0.41	0.8887058	0	5
发表文章数	100	1.78	3.694331	0	20

图 3-9　分学校级别统计主持课题和发表论文数分布

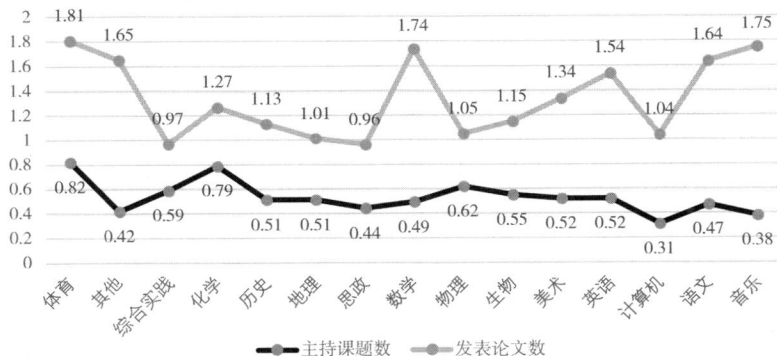

图 3-10　样本教师分学科主持课题数与发表论文数对比

3. 城市副中心教师队伍的工作投入状态分析

（1）教师工作量处于中等水平，有更充分的研修时间。

按照每周上课数和每天工作时间进行调研统计，在"您现在每周上课的节数为"方面，3384 名教师的平均课时量为 11.4 节，课时数属于正常的工作量范畴。进一步统计每天工作时间，按照"工作日期间，您通常每天工作几小时"计算，平均每天工作 9.11 小时，工作时间属于正常范围，表明了"双减"背景下教师的工作负担总体可控，有较为充分的研修时间。

—> 学校学段 = 初中

Variable	Obs	Mean	Std.Dev.	Min	Max
每周上课节数	865	11.25434	8.839362	0	128
每天工作时间	865	10.04277	3.661521	1	70

—> 学校学段 = 小学

Variable	Obs	Mean	Std.Dev.	Min	Max
每周上课节数	786	11.61705	10.33254	0	181
每天工作时间	786	9.980916	2.425111	1	50

—> 学校学段 = 幼儿园

Variable	Obs	Mean	Std.Dev.	Min	Max
每周上课节数	521	10.8023	8.602173	0	64
每天工作时间	521	9.088292	1.836562	1	24

—> 学校学段 = 职业学校

Variable	Obs	Mean	Std.Dev.	Min	Max
每周上课节数	56	9.160714	5.558864	0	17
每天工作时间	56	9.303571	2.198509	6	16

—> 学校学段 = 高中

Variable	Obs	Mean	Std.Dev.	Min	Max
每周上课节数	1130	11.72301	36.54998	0	1210
每天工作时间	1130	10.2646	5.222073	0	114

图 3-11 样本教师课时数和工作时间分布

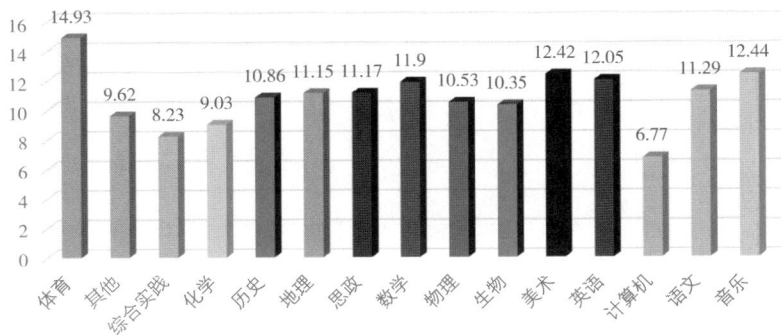

图3-12 样本教师分学科每周课时数对比

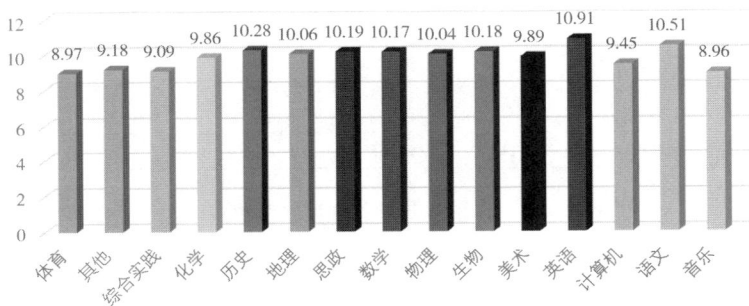

图3-13 样本教师分学科每天工作时间对比

此外，关于"本学期您一共参与了几次区级常规性教研活动"调查显示，样本教师平均一学期参加了7.1次。分学段来看，职业学校的教研次数最少，高中阶段的教研活动最多，平均达到了9.3次，初中阶段达到了8.2次。详见图3-14。

—> 学校学段＝初中

Variable	Obs	Mean	Std.Dev.	Min	Max
区级常规性教研活动	865	8.225434	6.037215	0	60

—> 学校学段＝小学

Variable	Obs	Mean	Std.Dev.	Min	Max
区级常规性教研活动	786	5.80916	8.5312	0	206

—> 学校学段＝幼儿园

Variable	Obs	Mean	Std.Dev.	Min	Max
区级常规性教研活动	521	3.40499	3.487215	0	20

—> 学校学段＝职业学校

Variable	Obs	Mean	Std.Dev.	Min	Max
区级常规性教研活动	56	1.517857	2.035959	0	10

—> 学校学段＝高中

Variable	Obs	Mean	Std.Dev.	Min	Max
区级常规性教研活动	1130	9.289381	7.838628	0	168

图 3-14　样本教师学期参加区级教研次数

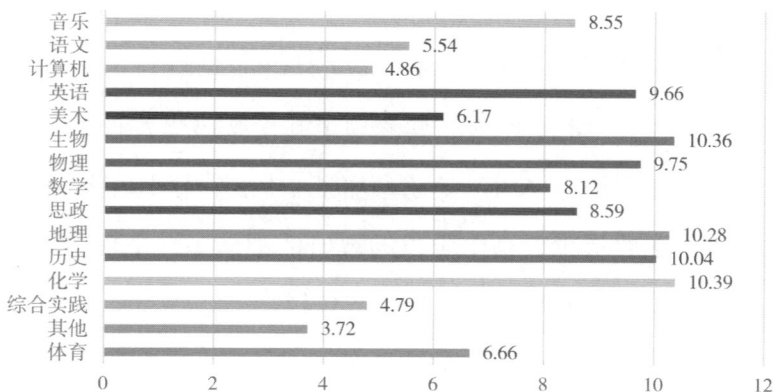

图 3-15　样本教师分学科区级教研活动对比

同时，本研究对"本学期您一共参与了几次学校的校本教研活动"的调查显示，样本教师参加学校校本教研活动的平均次数为7.6次，总体次数较多。具体分学段来看，学段间的差异不大，最多的仍然是高中阶段，平均校本教研活动次数为8.5次。但是总体来看，小学阶段的校本研修次数以及参加区级研修的次数，均有待提高。幼儿园阶段的校本研修次数和区级研修次数，也显著低于其他学段教师，详见图3-16。

—> 学校学段 = 初中

Variable	Obs	Mean	Std.Dev.	Min	Max
校本教研活动	865	8.23815	6.509692	0	113

—> 学校学段 = 小学

Variable	Obs	Mean	Std.Dev.	Min	Max
校本教研活动	786	6.776081	4.352112	0	50

—> 学校学段 = 幼儿园

Variable	Obs	Mean	Std.Dev.	Min	Max
校本教研活动	521	6.305182	4.986226	0	30

—> 学校学段 = 职业学校

Variable	Obs	Mean	Std.Dev.	Min	Max
校本教研活动	56	5.517857	4.443549	0	20

—> 学校学段 = 高中

Variable	Obs	Mean	Std.Dev.	Min	Max
校本教研活动	1130	8.467257	5.915652	0	98

图3-16　样本教师学期参加校本教研次数

—> 学校等级 =A 类初中

Variable	Obs	Mean	Std.Dev.	Min	Max
区级常规性教研活动	448	7.415179	5.64632	0	50
校本教研活动	448	7.975446	4.874884	0	32

—> 学校等级 =A 类小学

Variable	Obs	Mean	Std.Dev.	Min	Max
区级常规性教研活动	223	6.058296	14.06969	0	206
校本教研活动	223	6.686099	4.775136	0	50

—> 学校等级 =A 类幼儿园

Variable	Obs	Mean	Std.Dev.	Min	Max
区级常规性教研活动	154	3.88961	3.212642	0	20
校本教研活动	154	7.564935	5.45801	0	30

—> 学校等级 =A 类高中

Variable	Obs	Mean	Std.Dev.	Min	Max
区级常规性教研活动	619	9.607431	8.662085	0	168
校本教研活动	619	9.134087	6.268774	0	98

—> 学校等级 =B 类初中

Variable	Obs	Mean	Std.Dev.	Min	Max
区级常规性教研活动	230	8.730435	5.729449	0	60
校本教研活动	230	9.595652	6.382083	0	60

—> 学校等级 =B 类小学

Variable	Obs	Mean	Std.Dev.	Min	Max
区级常规性教研活动	256	5.101563	3.898396	0	32
校本教研活动	256	6.398438	4.155487	0	20

—> 学校等级 =B 类幼儿园

Variable	Obs	Mean	Std.Dev.	Min	Max
区级常规性教研活动	198	2.949495	3.503077	0	20
校本教研活动	198	5.934343	4.941355	0	25

—> 学校等级 =B 类高中

Variable	Obs	Mean	Std.Dev.	Min	Max
区级常规性教研活动	411	8.854015	7.125913	0	110
校本教研活动	411	7.705596	5.576382	0	40

—> 学校等级 =C 类初中

Variable	Obs	Mean	Std.Dev.	Min	Max
区级常规性教研活动	187	9.545455	6.973207	0	40
校本教研活动	187	7.197861	9.276424	0	113

—> 学校等级 =C 类小学

Variable	Obs	Mean	Std.Dev.	Min	Max
区级常规性教研活动	307	6.218241	5.458811	0	43
校本教研活动	307	7.156352	4.169801	0	20

—> 学校等级 =C 类幼儿园

Variable	Obs	Mean	Std.Dev.	Min	Max
区级常规性教研活动	169	3.497041	3.658201	0	17
校本教研活动	169	5.591716	4.366286	0	20

—> 学校等级 =C 类高中

Variable	Obs	Mean	Std.Dev.	Min	Max
区级常规性教研活动	100	9.11	4.53693	0	20
校本教研活动	100	7.47	4.335559	0	20

图 3-17　分学校等级统计学期参加校本教研和区级教研次数

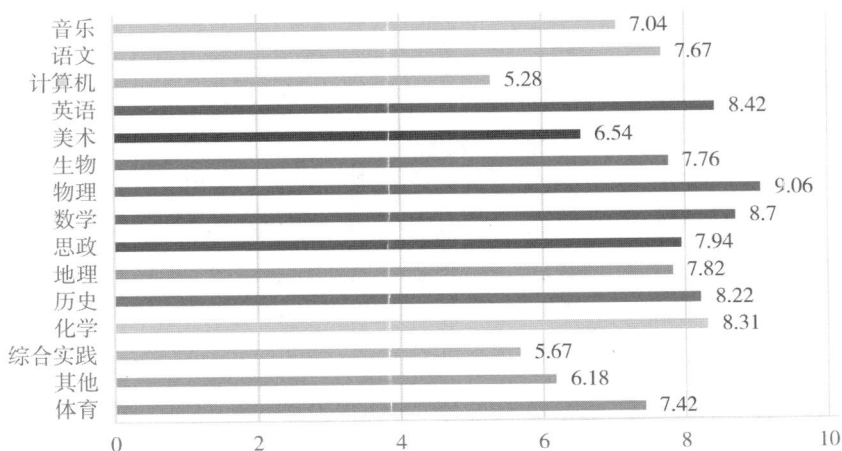

图 3-18　样本教师分学科校本教研活动对比

（2）教师工作倦怠处于较低水平，工作情绪积极性有待调动

根据职业倦怠的专业量表，对样本教师的职业倦怠水平进行了测评，结果显示，总体上样本教师的职业倦怠得分为 2.98 分，满分是 5 分，分值越高职业倦怠感越高。目前 2.98 分显著低于 5 分，总体职业倦怠处于较低水平。同时，进一步分类看，低成就感得分也偏低，样本教师平均为 2.79 分，表明了样本教师的成就感比较高；但是在情绪衰竭方面，得分越高，样本教师平均分为 3.17 分。

—> 学校学段 = 初中

Variable	Obs	Mean	Std.Dev.	Min	Max
职业倦怠	865	3.117919	0.8090005	1.125	5

—> 学校学段 = 小学

Variable	Obs	Mean	Std.Dev.	Min	Max
职业倦怠	786	3.026877	0.8006101	1	4.5

—> 学校学段 = 幼儿园

Variable	Obs	Mean	Std.Dev.	Min	Max
职业倦怠	521	2.693138	0.8679522	1.125	4.5

—> 学校学段 = 职业学校

Variable	Obs	Mean	Std.Dev.	Min	Max
职业倦怠	56	2.941964	0.8076215	1.5	4.75

—> 学校学段 = 高中

Variable	Obs	Mean	Std.Dev.	Min	Max
职业倦怠	1130	2.971681	0.7947598	1.375	4.625

图 3-19 样本教师职业倦怠感情况分布

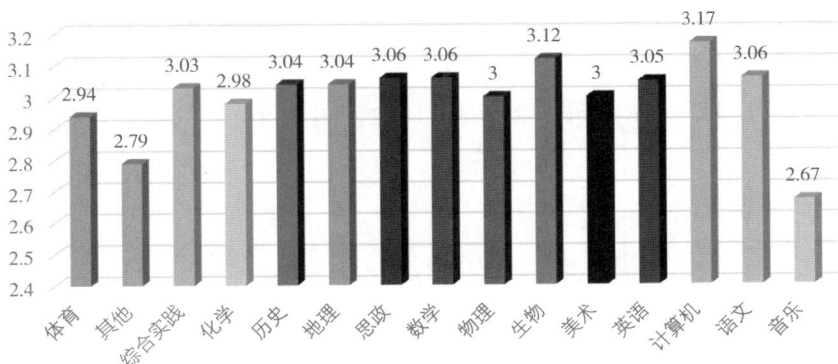

图 3-20　样本教师分学科职业倦怠感对比

此外，关于教师的流动意愿，本研究也设计专门题目，即"未来一段时间，您是否有流动到其他学校的想法"。结果显示，有68.6%的教师没有流动意愿，但是也有10.9%的教师有流动意愿，另有20.6%的教师不确定。由此表明，接近三分之一的教师有未来流动的可能性。详见表3-3。

表3-3　样本教师流动意愿情况

选项	小计	比例	
有	367		10.85%
没有	2320		68.56%
不确定	697		20.60%
本题有效填写人次	3384		

（三）指向过去：城市副中心教师研修服务效果评估

1. 教研活动得到老师们认可，继教学分培训满意度低

本研究调查了自2019年以来，老师们参加过哪些形式的教师研修活动。结果显示，教研活动和继教学分培训是两大主要研修形

式，平均占比在 88% 左右，其次是新课改培训占比 75%，骨干教师培训只占比 18%。除了常规的研修大类分组，本研究还专门有开放性题目回顾，详见图 3-21、图 3-22、图 3-23。

图 3-21 样本教师研修活动类型分布

关于教师研修活动的成效或教师满意度，即"上述教师研修形式中，您最满意的是"。结果显示，老师们对教研活动的满意度最高，占比 74%；但是对继教学分培训的满意度较低，尤其是与前面 88% 的参与率相比，只有 42% 的满意度。其中，教师对新课改培训的满意度也比较高。

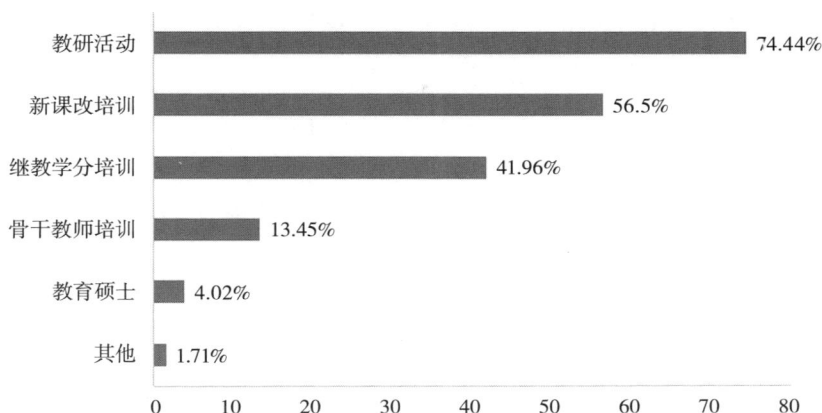

图 3-22　样本教师研修活动满意度分布

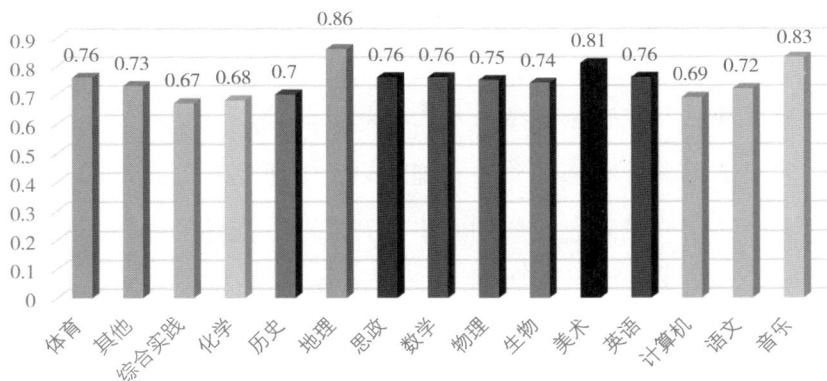

图 3-23　样本教师分学科教研满意度对比

2. 工学矛盾、研修活动可持续性不够影响研修效果

为深入了解老师对教师研修活动成效的判断，尤其是了解其影响因素，为后续研修活动设计提供支持。调查题目为"您认为影响教师研修效果的主要因素是"，结果显示，个人工作负担重是比例最高的影响因素，占比 48.3%，这个属于个人自身的工作压力问题。

排名第二的是时间安排不合理，占比 44.4%，表明了研修活动的安排时间有待进一步优化。排名第三、四的则是没有后续指导、内容不连续等，这两个因素是比较接近的，反映出研修活动缺乏连贯性。

表 3-4　样本教师研修成效影响因素情况

选项	小计	比例
个人工作负担重	1634	48.29%
时间安排不合理	1503	44.41%
没有后续指导	1382	40.84%
内容不连续	1190	35.17%
内容不符合实际需求	1014	29.96%
教学方式不适合	742	21.93%
家庭负担重	522	15.43%
主讲教师水平有限	419	12.38%
其他	50	1.48%

3. 教师对各学科研修指导方式的效果评价

为了解各学科研修活动的实施效果，本研究专门设计了"目前区里各学科研修员对您或您的同事，开展业务指导的主要方式有哪些？效果怎么样？"的调查题目，共计有 12 个列表维度，详细的满意度情况如下。

（1）进校随机听评课。

选项	小计	比例
无此方式	154	4.55%
很不满意	20	0.59%
不太满意	69	2.04%
一般	537	15.87%
比较满意	1452	42.91%
非常满意	1152	34.04%

（2）进行教学示范课。

选项	小计	比例
无此方式	146	4.31%
很不满意	16	0.47%
不太满意	33	0.98%
一般	417	12.32%
比较满意	1491	44.06%
非常满意	1281	37.85%

（3）对赛课教师进行指导。

选项	小计	比例
无此方式	83	2.45%
很不满意	16	0.47%
不太满意	25	0.74%
一般	403	11.91%
比较满意	1531	45.24%
非常满意	1326	39.18%

（4）组织课例等主题研讨会。

选项	小计	比例
无此方式	52	1.54%
很不满意	10	0.30%
不太满意	23	0.68%
一般	390	11.52%
比较满意	1546	45.69%
非常满意	1363	40.28%

（5）组织教师专业培训。

选项	小计	比例
无此方式	33	0.98%
很不满意	12	0.35%
不太满意	26	0.77%
一般	361	10.67%
比较满意	1567	46.31%
非常满意	1385	40.93%

（6）组织教学观摩评比。

选项	小计	比例
无此方式	32	0.95%
很不满意	12	0.35%
不太满意	20	0.59%
一般	369	10.90%
比较满意	1581	46.72%
非常满意	1370	40.48%

（7）培养骨干以指导普通教师。

选项	小计	比例
无此方式	63	1.86%
很不满意	13	0.38%
不太满意	30	0.89%
一般	431	12.74%
比较满意	1525	45.07%
非常满意	1322	39.07%

（8）进行教学质量评估。

选项	小计	比例	
无此方式	35		1.03%
很不满意	16		0.47%
不太满意	27		0.80%
一般	437		12.91%
比较满意	1564		46.22%
非常满意	1305		38.56%

（9）汇编教研成果。

选项	小计	比例	
无此方式	104		3.07%
很不满意	11		0.33%
不太满意	30		0.89%
一般	491		14.51%
比较满意	1485		43.88%
非常满意	1263		37.32%

（10）参与、指导校本教研。

选项	小计	比例	
无此方式	94		2.78%
很不满意	12		0.35%
不太满意	31		0.92%
一般	468		13.83%
比较满意	1483		43.82%
非常满意	1296		38.30%

（11）组织、指导课题研究。

选项	小计	比例
无此方式	80	2.36%
很不满意	11	0.33%
不太满意	28	0.83%
一般	456	13.48%
比较满意	1492	44.09%
非常满意	1317	38.92%

（12）组织联片教研。

选项	小计	比例
无此方式	60	1.77%
很不满意	12	0.35%
不太满意	22	0.65%
一般	415	12.26%
比较满意	1515	44.77%
非常满意	1360	40.19%

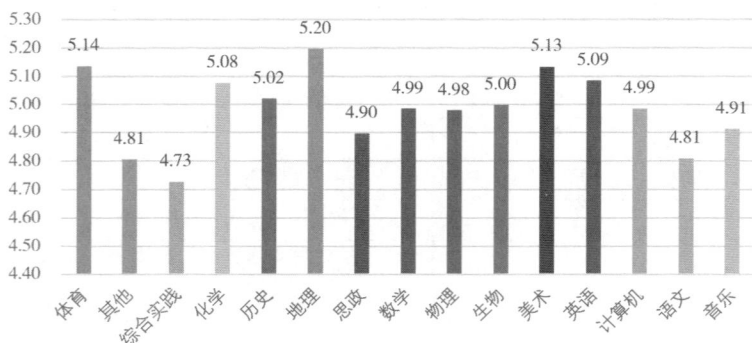

图3-24　样本教师分学科进校随机听评课对比

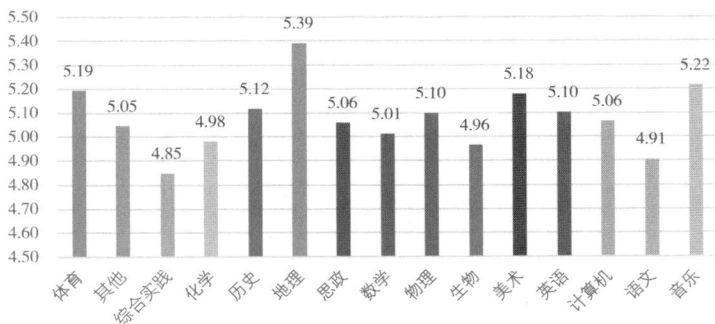

图 3-25　样本教师分学科教学示范课对比

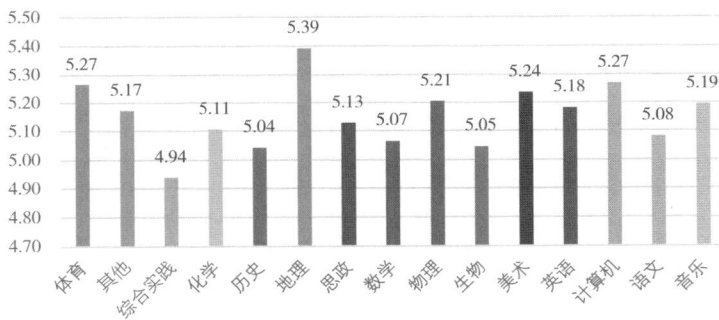

图 3-26　样本教师分学科赛课指导对比

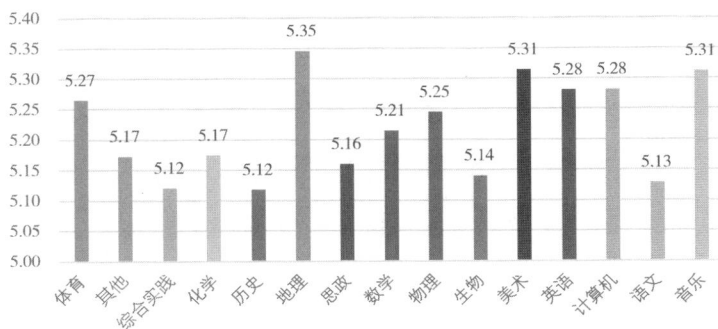

图 3-27　样本教师分学科课例研讨对比

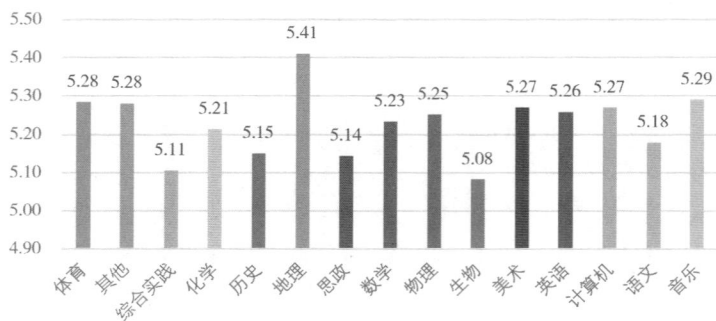

图3-28　样本教师分学科主题研讨会教学观摩对比

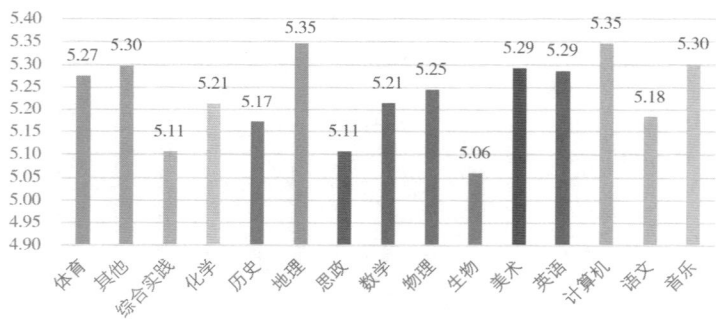

图3-29　样本教师分学科专业培训对比

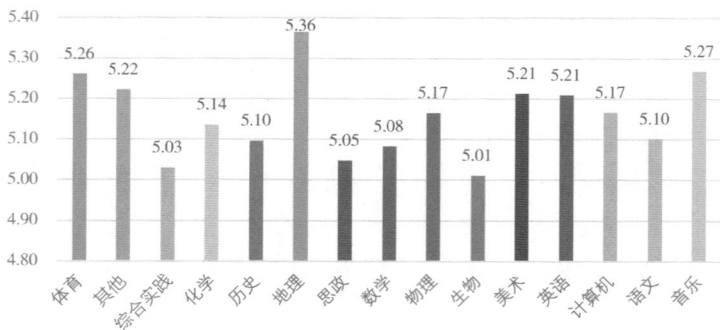

图3-30　样本教师分学科培养骨干教师对比

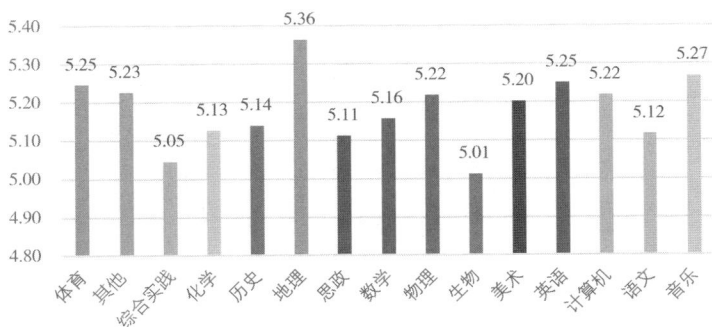

图 3-31 样本教师分学科教学质量评估对比

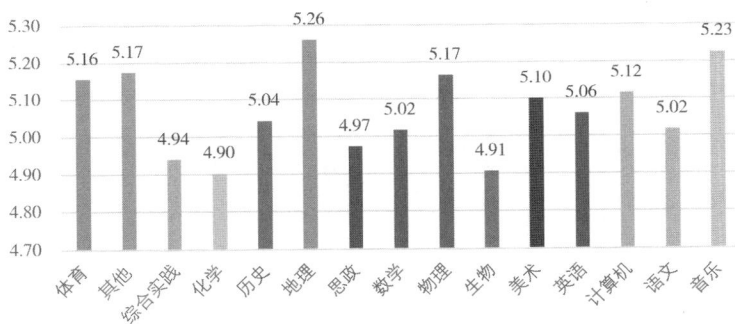

图 3-32 样本教师分学科汇编教研成果对比

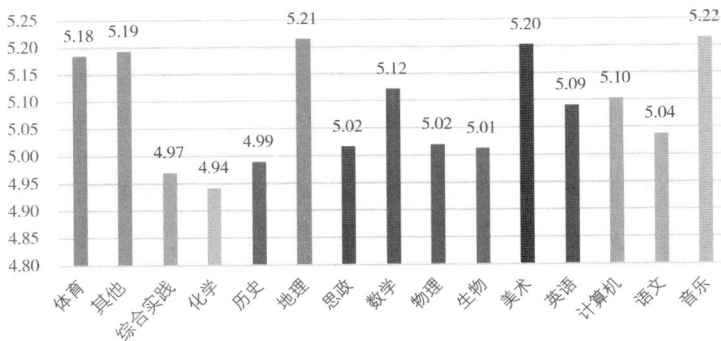

图 3-33 样本教师分学科指导校本教研对比

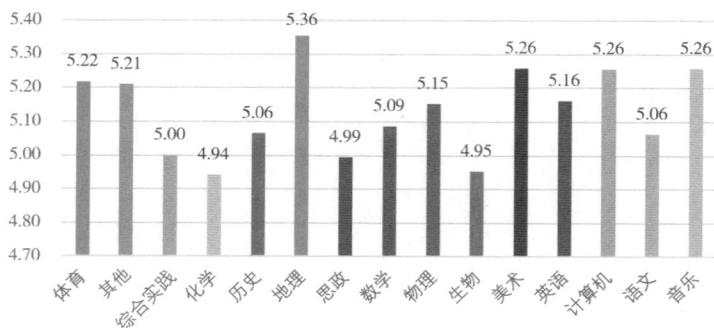

图 3-34　样本教师分学科课题指导研究对比

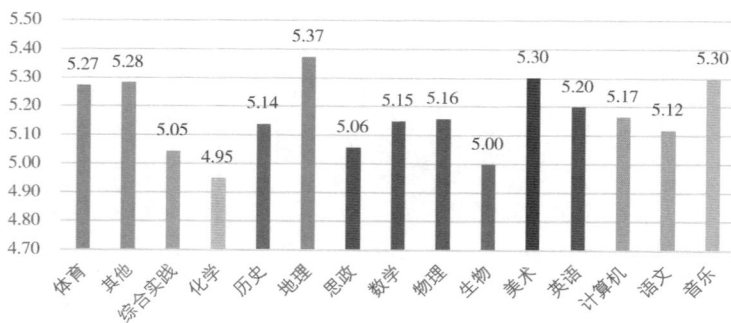

图 3-35　样本教师分学科联片教研对比

4. 教师教学效能感、育德能力及专业学习力的效果评价

（1）教师教学效能感处于较高水平，教学研究及调动学生参与方面得分略低。

样本教师教学效能感量表测评显示，总体平均水平为 4.20 分，满分是 5 分。分维度来看，教学策略效能感、课堂管理效能感得分相对偏高，而学生学习积极性调动和个人教学研究效能感略低。分学段来看，各学段间教师教学效能感差异性较小，总体比较均衡。详见图 3-36、图 3-37。

—> 学校学段 = 初中

Variable	Obs	Mean	Std.Dev.	Min	Max
教学效能感	865	4.173766	0.6107262	1	5

—> 学校学段 = 小学

Variable	Obs	Mean	Std.Dev.	Min	Max
教学效能感	786	4.251615	0.5740614	1	5

—> 学校学段 = 幼儿园

Variable	Obs	Mean	Std.Dev.	Min	Max
教学效能感	521	4.23446	0.636203	1	5

—> 学校学段 = 职业学校

Variable	Obs	Mean	Std.Dev.	Min	Max
教学效能感	56	4.105769	0.7465989	1	5

—> 学校学段 = 高中

Variable	Obs	Mean	Std.Dev.	Min	Max
教学效能感	1130	4.177536	0.6239223	1	5

图 3-36　样本教师教学效能感分布

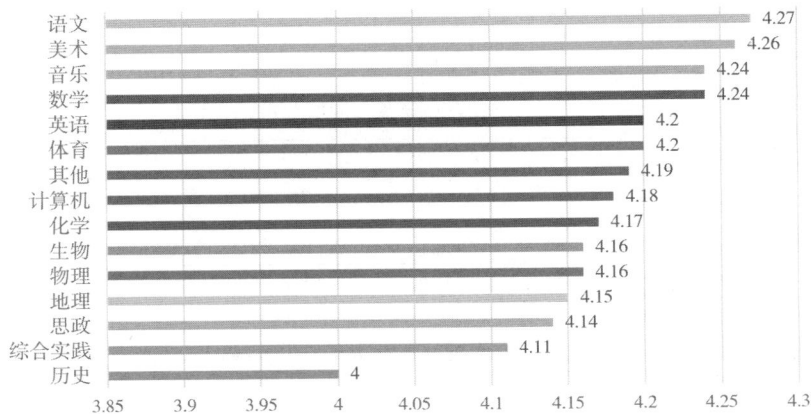

图 3-37　样本教师分学科教学效能感对比

（2）教师育德能力处于较高水平，但是家校沟通能力方面得分略低。

样本教师育德能力量表测评显示，总体平均水平为 4.32 分，满分是 5 分。分维度来看，教师德育工作能力得分相对偏高，而在开展家校沟通、协同育人方面能力得分略低。分学段来看，各学段间教师育德能力差异较小，总体比较均衡。详见图 3-38、图 3-39、图 3-40。

—> 学校学段 = 初中

Variable	Obs	Mean	Std.Dev.	Min	Max
教师育德能力	865	4.267486	0.5824347	1	5

—> 学校学段 = 小学

Variable	Obs	Mean	Std.Dev.	Min	Max
教师育德能力	786	4.311546	0.5759659	1	5

—> 学校学段 = 幼儿园

Variable	Obs	Mean	Std.Dev.	Min	Max
教师育德能力	521	4.449616	0.512739	3	5

—> 学校学段 = 职业学校

Variable	Obs	Mean	Std.Dev.	Min	Max
教师育德能力	56	4.359375	0.7253771	1	5

—> 学校学段 = 高中

Variable	Obs	Mean	Std.Dev.	Min	Max
教师育德能力	1130	4.293473	0.605878	1	5

图 3-38　样本教师育德能力得分分布

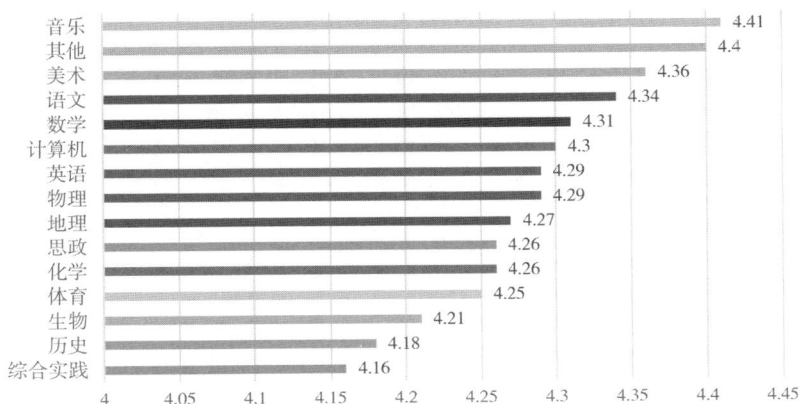

图 3-39　样本教师分学科育德能力对比

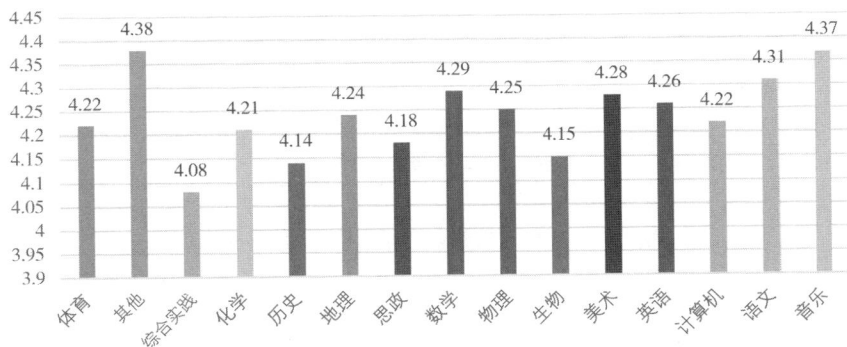

图 3-40　样本教师分学科家校沟通能力对比

（3）教师专业学习能力处于较高水平，但是学习新知方面能力得分略低。

样本教师专业学习能力量表测评显示，总体平均水平为 4.25 分，满分是 5 分。分维度来看，教师教学反思和教学创新能力得分相对偏高，而在学习新知、掌握新鲜知识方面能力得分略低。分学段来看，各学段间教师专业学习能力差异较小，总体比较均衡。详见图 3-41、图 3-42。

—> 学校学段 = 初中

Variable	Obs	Mean	Std.Dev.	Min	Max
教师专业学习能力	865	4.228324	0.5502063	1	5

—> 学校学段 = 小学

Variable	Obs	Mean	Std.Dev.	Min	Max
教师专业学习能力	786	4.231425	0.5312571	1.8	5

—> 学校学段 = 幼儿园

Variable	Obs	Mean	Std.Dev.	Min	Max
教师专业学习能力	521	4.319578	0.5422182	2.3	5

—> 学校学段 = 职业学校

Variable	Obs	Mean	Std.Dev.	Min	Max
教师专业学习能力	56	4.219643	0.7411097	1	5

—> 学校学段 = 高中

Variable	Obs	Mean	Std.Dev.	Min	Max
教师专业学习能力	1130	4.25469	0.5854451	1	5

图 3-41　样本教师专业学习能力得分分布

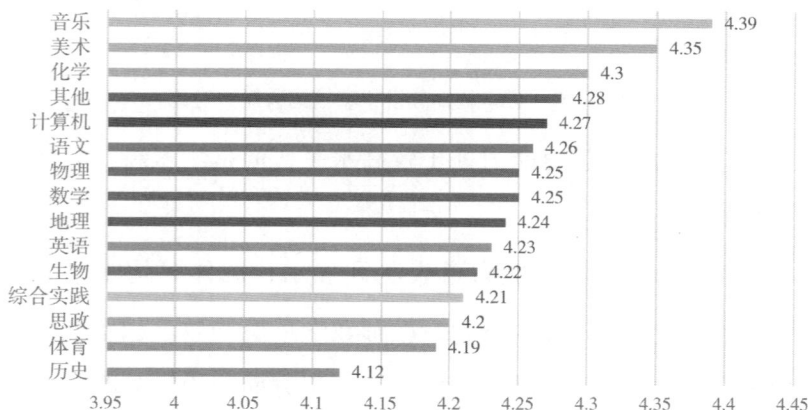

图 3-42　样本教师分学科专业学习力对比

（四）指向未来：城市副中心高质量教师研修体系需求

1. 目前老师最需要的专业支持是课题研究方法

本研究专门设计了调查题目"为真正地提高教育教学质量，您目前最需要的专业发展支持是"，旨在全面了解老师目前最需要的研修支持内容，根据需要程度进行排序。结果显示，排名最高的是课题研究方法的支持，表明老师有强烈的课题研究兴趣，对自身的教学实践问题有思考、研究的动力。其次是学科前沿理论的引领，这一点也是占比较高的选项，表明目前老师在理论前沿方面的薄弱点。其他内容详见图 3-43、图 3-44。

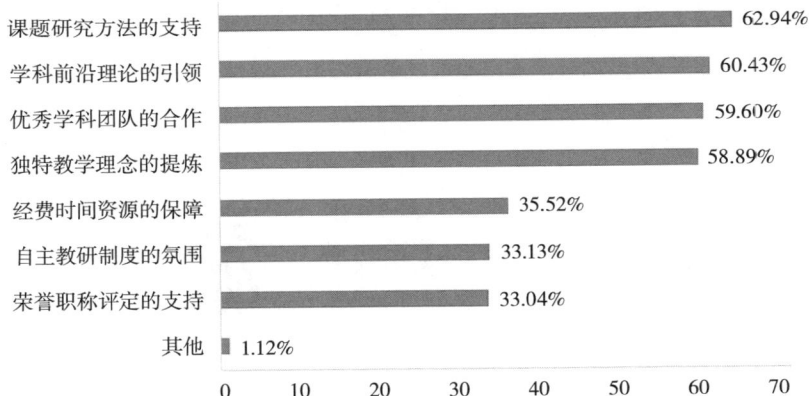

图 3-43　样本教师专业发展需求分布

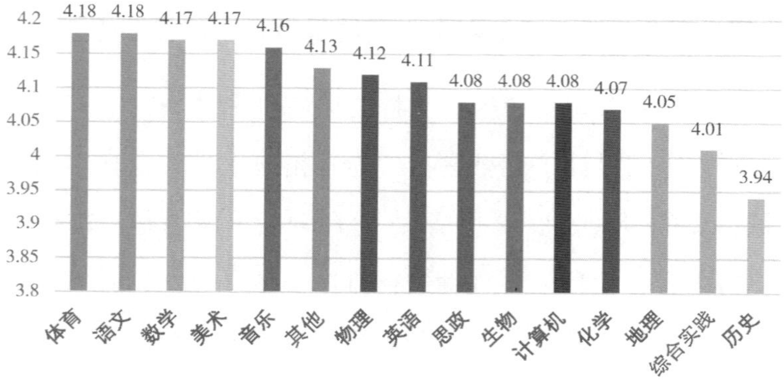

图 3-44 样本教师分学科教学研究效能感对比

此外，由样本教师专业发展需求的其他内容分析可见，时间是最大的关键词，表明了教师缺乏专业成长的时间。其他的还有领导支持、备课培训、工资待遇、自主权等内容，详见图 3-45。

图 3-45 样本教师专业发展需求关键词分布

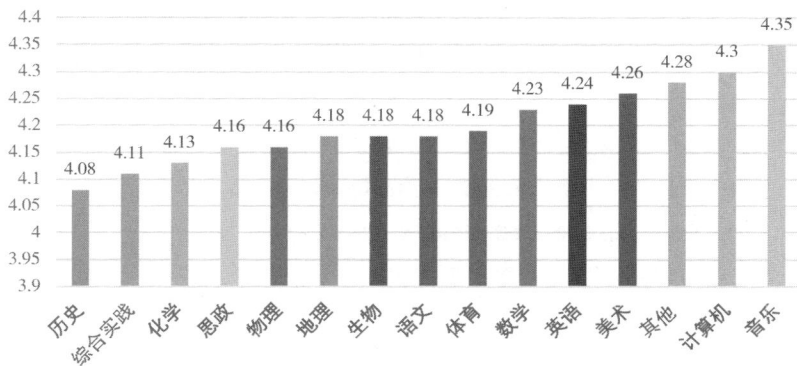

图3-46 样本教师分学科课改投入意愿对比

2. 听课、评课及教法指导是教师自身能力的提升短板

为了解教师自身的能力现状，本研究专门设计了调查题目："为适应副中心未来教育需求，您认为自身需从哪方面提升能力？"结果显示，排名最高的是听课、评课及教法指导能力，占比67.5%；其次是课堂教学模式研究与指导能力，排名第三、第四的是研究成果提炼与论文发表、课题研究及成果转化等能力。由此可见，区域性教师共同反映的能力是科研方面需求，有较高的占比。具体内容详见图3-47、图3-48。

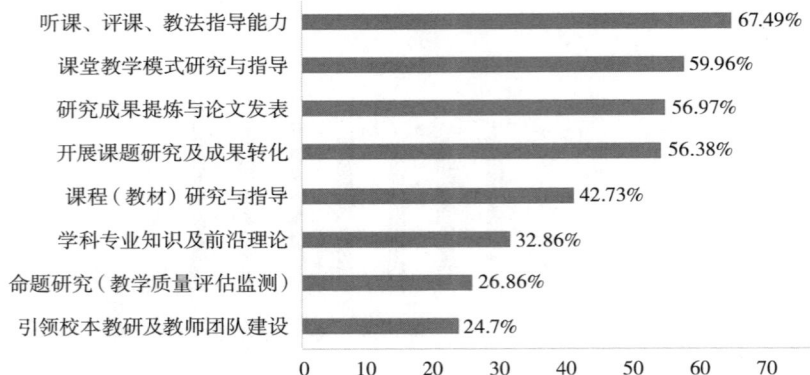

图3-47　样本教师自身能力提升维度分布

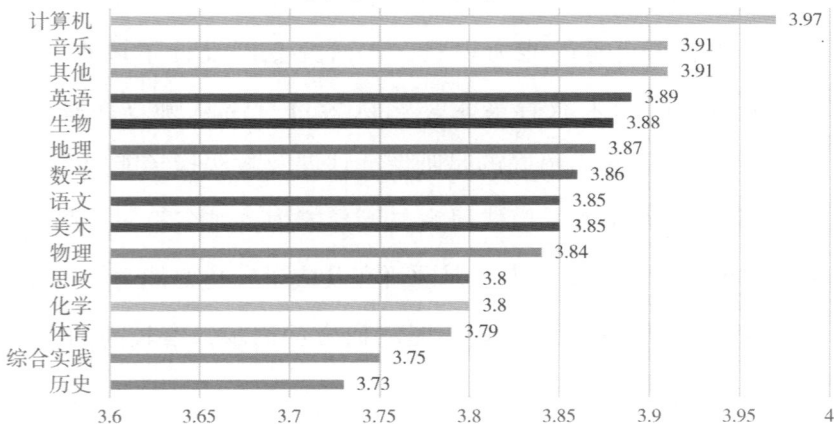

图3-48　样本教师分学科课程反思与开发能力对比

3.观摩优秀教师经验是老师目前最想要研修的内容

聚焦到教师最需要研修的内容维度，调查问卷中设计了"您目前及将来最需要进修的内容有"。分析调查数据显示，优秀教师经验观摩和教育教学新理念是目前样本教师最需要进行研修的内容需求，平均占比60%左右。其他的需求，如学科新知识、学科教学方法和多媒体教学技术等的排名也较高，反映出老师的共同诉求。详见表 3-5。

表 3-5　样本教师最需要进修的内容

选项	小计	比例
教育教学新理念	2023	59.78%
学科新知识	1839	54.34%
通识知识（人文、自然学科基本知识）	1125	33.24%
学科教学方法	1965	58.07%
多媒体教学技术	1512	44.68%
学生管理策略	1399	41.34%
优秀教师经验观摩	2018	59.63%
教育教学研究方法	1372	40.54%

此外，关于进修时间安排方面，老师也有不同的诉求，调查题目中设计了"您理想的教师研修活动频率是"，结果显示，支持两周一次的教师占比 44.2%，其次是一月一次，占比 31.9%。总之，大多数教师支持 2—4 周一次。一周一次仅占比 18.3%，总体占比不高。其他情况见图 3-49、图 3-50。

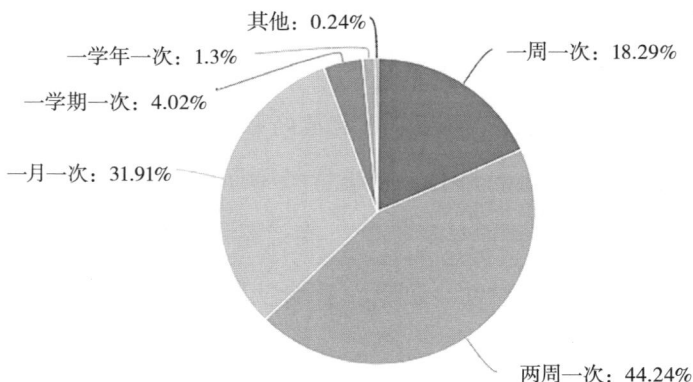

图 3-49　样本教师进修频次期望分布

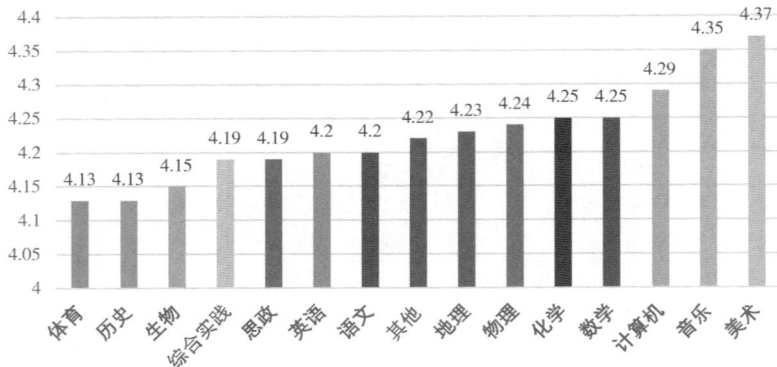

图 3-50 样本教师分学科 TPACK 能力对比

4. 创新是城市副中心高质量教育体系的核心特征

为更加丰富、开放地了解教师对于城市副中心高质量教育体系的认识，尤其是了解老师对未来高质量教育的期待，本研究设计了"对城市副中心高质量的教育体系建设，您认为应具备哪些特征"。调查结果显示，创新是大家反映最多的关键词，其次是高效、多样化、开放、全面发展等关键词，也是大家认可度较高的内容。

5. 高效是城市副中心高质量教师研修体系的核心特征

为更加丰富、开放地了解教师对于城市副中心高质量教师研修体系的认识，尤其是了解老师对未来高质量教师研修体系的期待，本研究设计了"对城市副中心高质量教师研修体系的建设，您认为应具备哪些特征"。调查结果显示，高效是大家反映最多的关键词，其次是专业化、有针对性、创新、符合实际、实用等关键词，也是大家认可度较高的内容。

6.老师对高质量教师研修体系的开放性建议

在本次调查的最后，本研究设计了专门的开放性题目，调查老师对城市副中心未来高质量研修体系建设的开放性意见，题目为"您认为通州区教师研修体系在助力高质量教师队伍建设中，还存在哪些问题，有什么建议"。调查结果显示，3384位样本教师中有三分之一的教师留言，内容非常务实，有很多真知灼见，对当前通州研修中心的工作提出了一些中肯的建议。整理出最核心的高频关键词，最多的关键词是提高实效性、分层指导、资源共享、减少形式主义等，详见图3-51。

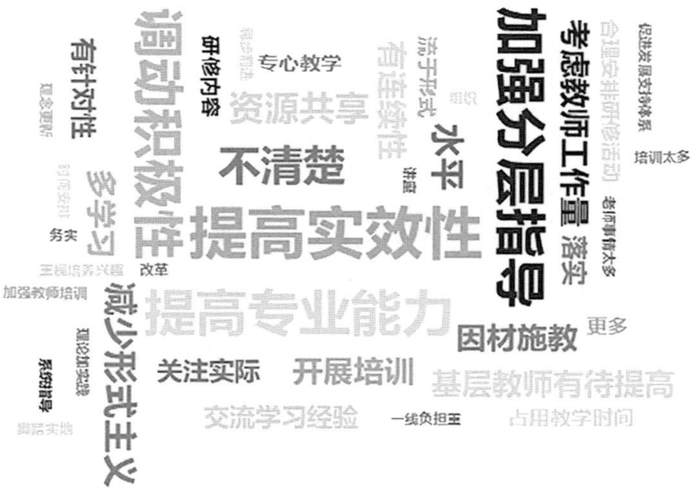

图3-51　城市副中心高质量教师研修体系的开放性建议

第四章 体系建构:指向高质量的区域研修

一、区域高质量研修的内涵

《中共中央关于制定国民经济和社会发展第十四个五年规划和二○三五年远景目标的建议》中明确提出"建设高质量教育体系"的重要决定。高质量教育体系以高质量教师队伍为支撑,高质量教师队伍以高质量教师教育为条件。高质量教师教育体系是高质量教育体系的根基和先导,建设新时代高质量研修体系是教师教育的必然之举。中共中央、国务院《关于全面深化新时代教师队伍建设改革的意见》和五部委《教师教育振兴行动计划》等重要文件都明确提出新时代要全面提高教师质量。

1. 高质量研修的指向

新时代基础教育转向内涵式发展,它以促进公平、提高质量为根本标志。新时代研修要实现从"传统研修向现代研修的转变,向符合时代需要的研修转变,向'以人为本'的教育教学总体需要转变"。

高质量研修既是新时代研修政策的要求、研修观念的更新，还是具体的研修主张，是指向助力基础教育高质量发展的研修目标、理念主张与实践作为。基础教育高质量研修是更优化的教育教学研究与服务，是围绕教育教学实践、学生学习与成长、教师专业发展等主体的体系化、现代化、科学化协同创新研究表现。

高质量研修是研修转型下的时代要求，"既是一场以现有教研基础与亮点为起点的继承性变革，也是一场以新形势、新要求为发展目标的专业性变革，更是一场以关注现实问题和需求为导向的实践性变革"。深入探究高质量研修的实施有着重要的现实意义与实践价值。高质量研修是教育教学理念与实践行为研究体系化的协同构建，主要是研修相关部门的协同运行，既包括管理层面、专业层面、保障层面及支持层面的横向贯通，如政府、研究、高校、技术、教师发展中心等部门；也包括教研部门的上下同心，包括国家、省、市、县（区）、学校各级教研机构与人员等。

高质量研修是教育教学研究主体的现代化，主要体现在用现代化视角对教师专业发展、学生学习与成长和教育教学实践进行最生动、鲜活的研究，体现育人为本的研究。新时代教师不能只做传授书本知识的"教书匠"，还要成为塑造学生品格、品行、品位的"大先生"。高质量研修不能只关注教师的教学技能、所授学生的纸笔考试成绩，更要关注其教育教学价值观、实践理念的更新与育人成效。高质量研修不能只注重教师单个课堂教育教学的改进，更要基于教育教学实践帮助教师构建整体、系统的专业发展路径。高质量研修要对学生学习与成长进行深入研究，包括学生学习特点、现状与需求，而不仅仅关注学生学习成绩与书面练习完成情况，更要关注学生发展、素养培养与价值观形成。高质量研修是教育教学实践研究的科学化，其科学化体现为研修目标、内容与方式的适切性。新时代基础教育需落实立德树人的根本任务，研修不仅需要研究课程设置管理、学科教材教学、课程教学质量、教学效果达成等客观表现，更需要研究育人方式的变革，"要从注重教什么到关注为什么教，从注重共同基础到关注个性需求，从注重学科逻辑到关注生活逻辑，并延展学习的空间和时间"。

若研修人员仍然只关注学生的应试表现，那研修将很难助力相关区域和学校育人方式变革和学生综合素质发展；若研修人员只组织零散的、碎片化的、形式化的教研活动，那研修将很难满足推进区域基础教育高质量发展的要求；若研修人员只凭借个人经验、感觉解决教育教学中出现的问题，那研修将很难对教育教学实践产生深刻的影响。

2. 高质量研修内涵的现代化

内涵研究是高质量研修的核心，是高质量研修现代化特点的主要表现场域。高质量研修的现代化体现在研修内涵的现代化。高质量研修内涵研究主要包括对学生学习与成长、教师专业发展及教育教学实践等主体的研究，涉及教研对象、内容、理念实施等多层面探究。高质量研修主张对学生研究从后面走向前台，组织专门针对学生学习与成长的教研活动；主张从教师成长内驱力、专业发展内生力、研究能力等方面来促进教师专业发展；主张从课堂教学深入研究、反思型教研活动组织、教育管理决策服务水平提高来加强研究教育教学实践的科学性。

（1）深入研究学生学习与成长。

学生研究一直被认为是教研的间接研究对象，未得到足够重视。新时代背景下，学生的学习与成长，尤其是核心素养发展，已被置于学校教育中心。高质量研修要求从各层面来研究学生。第一，从学生身心发展规律来理解学生。要尊重学生身心发展规律，关注学生学习情感与态度，关注学生学习过程。教师要采取心理调适、能力强化、因材施教等方法，加强学生学科核心素养培养，组织多形式、多渠道、多维度的课堂内外活动，提高学生学习动机、兴趣、能力和素养。第二，从学习特点来关注学生。如教师在设计学习活动时，针对学生学习动机不强、自主学习能力不够、学科具体学习情况等，充分考虑学生的学习氛围、资源、动机、兴趣和基础等因素，因材施教，确保不同特点的学生得到发展。第三，从学习具体需求来发展学生。教师在进行学习目标制定时，应先对学生的学习需求进行分析，了解学生想做什么、能做什么、该做什么。"想做什么"是指学生的兴趣和爱好。"能做什么"涉及学生已有的认知结构和能力水平。"该做什么"指的是学生应该提高的关键能力和必备品格，具体可以分为学生的共性需求和个性需求。

（2）深化研究教师专业发展。

高素质专业化教师队伍是基础教育高质量发展的根本保障。高质量研修的教师专业发展研究要具有现代化的特点，应主要聚焦三方面。第一，激发教师成长内驱力。教师成长内驱力与教师对于学科教学的价值认识密不可分。要组织教师深刻认识课程设置与实施的功能、意义与价值。引领教师深刻理解学科对国家发展和学生个人发展的重要作用，促进教师的职业幸福感、责任心和使命感的形成。可以通过有针对性的理论学习、有计划的培训课程、深入人心的激励措施激发教师追求职业成就感和幸福感。第二，激发教师专业发展内生力。教师专业发展内生力最重要的来源是学科素养和学科教学素养。首先，应引领教师不断提升学科教学能力，丰富学科教育教学知识体系。其次，应引导教师努力更新学科专业知识，如提升信息技术与学科教学融合能力，使其充分认识到互联网、云计算、大数据等现代信息技术给社会、国家发展、人民生活和教育教学带来的深刻变化，并利用信息技术优化教学实施。第三，提升教师研究能力。应引领教师在实践中提高理论水平，在理论学习中提高实践能力，让研究能力与实践能力深度融合，互相促进助力教师专业成长。课题研究是教师成长的重要途径，应鼓励教师参与各级各类课题研究，鼓励教师进行深入教学实践、深入学生、深入育人过程的课题研究，鼓励教师通过同伴合作，开展行动研究与实证研究，优化教学方式，提高教学效果。

（3）加强研究教育教学实践的科学性。

"教育教学指导始终是我国教研工作的核心。"教育教学指导成效是高质量研修实施的关键。当前研修正从单纯关注学科教学转向关注学科育人价值，从碎片化、散点式教研活动向主题式、项目式推进，从单纯面对面的教研活动转向面对面与网络教研相互补充，从依靠经验给予笼统反馈转向依靠证据和研究开展实证教研。

首先，高质量研修主张深入研究课堂教学。课堂是教育教学实践最生动的表现，是基础教育高质量发展的中心环节。研究课堂教学是高质量教研的重要任务。如多研究以育人为重点而非追逐考试成绩的课堂，研究其教学目标的制定、教学内容的处理、教学方式的优化和学生学习表现等；多研究以学为中心的课堂，研究其学生学习特点、教师教学行为、师生关系表现等；多研究使学生核心素养得到发展的课堂，鼓励使用观察、实证、量化等方式研究学生行为表现，为教师行为的改进提供数据与分析。

其次，高质量研修重视反思型研修活动的开展。教育教学实践研究是引领教师反思教学、反思自我的最佳时机。以激发教师反思动力、提升教师反思能力、促进教师反思习惯的形成、营造教师群体反思氛围的反思型教研活动值得被主张。引领教师结合教学设计、课堂实际、学生表现，反思"教学为何""教什么、学什么""如何教学"，将教学理念构建付诸教学实践。

最后，高质量研修主张通过科学的教育教学实践研究提高教育管理决策服务水平。要加强基础教育理论、政策和实践研究，积极参与区域教育改革发展规划、政策和标准规范的研究、制定、实施、评估等工作。定期开展教学专题调研，为学校育人方式改革发展提供建议。综上所述，学生学习与成长、教师专业发展及教育教学实践是教育教学研究的核心主体，加强研修主体研究能夯实高质量研修基础。

二、区域高质量研修的主要任务

区域高质量研修的目标，需要分解为研修任务来具体落实。立足城市副中心教育发展现状，我们将研修任务设定为"一个核心""两条主线""三个聚焦""四个做好""五个抓实"。

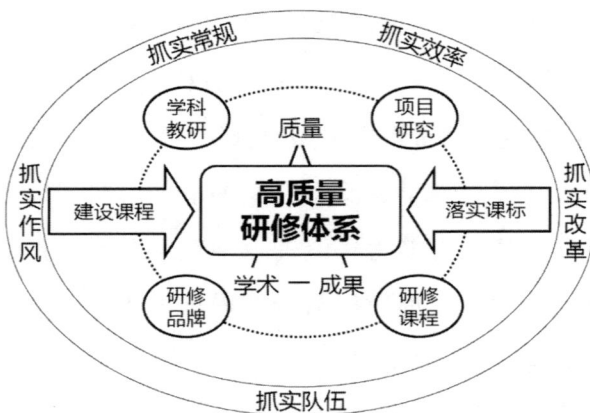

图 4-1　区域高质量研修体系任务图

（一）一个核心

城市副中心教育高质量发展背景下，为城市副中心教育高质量发展提供专业支撑既是我们的工作目标，也是我们的核心任务。抓住了"为城市副中心教育高质量发展提供专业支撑"这个核心任务，就抓住了事物的根本。抓住了这个核心，无论是课题研究，还是我们具体的研修实践，就有了清晰的方向。

（二）两条主线

工作主线是指开展工作的主要线索。为副中心教育高质量发展提供专业支撑，我们要遵循两条主线：一是将课程建设作为我们研修工作主线，以此为主线加强学科课程、培训课程等课程建设；二是将贯彻落实课程标准作为研修工作主线，通过课程标准的解读、培训、指导将研修工作做实、做细。

（三）三个聚焦

研修工作千丝万缕，需要我们抓住中心、聚焦重点，才能高质量地推进。为此，我们确定了"聚焦质量""聚焦学术""聚焦成果"的基本原则。

一是聚焦质量。"为城市副中心教育高质量发展提供专业支撑"是一个攻坚过程，是一项硬任务。而攻坚克难的过程中，我们务必要坚守质量关。研修工作的质量没有保障，再宏伟的蓝图也不过是一张废纸。为此，我们坚持研修质量是生命线，追求最好的研修效果，追求最佳的研修质量。对于研修质量，首要的就是确保义务教育优质均衡发展，其次就是要实现高中多样化特色发展，为此既要重视通过常规教研活动确保教育教学的质量，也要重视通过命题工作引领教育教学改革发展的质量。无论是常规教研工作，还是命题工作，落脚点都是课堂，坚守课堂育人的主阵地，为此教研、科研要有机融合，联合开展课堂有效教学、精准教学、双师课堂等项目研究，研制出具有通州特色、科学、可行的课堂教学评价标准，或者是支撑性的评价量表，引领课堂教学改革，这样研修工作的质量就更加有保障。

二是聚焦学术。通州区教师研修中心被誉为"通州教育人才高地"，最重要的是聚集优秀的教育研究工作者并营造开放的学术氛围。开展学术研究的目的是提出研修问题、解释研修现象、探索研修规律，以保持研修工作不断发展进步。在"同心汇智 研修赋能"理念的引领下，研修机构的每一个分支、每一个部室、每一名研修员都要有明确的目标，要担负起研修责任，不断产生能够促进区域研修工作进步的新思想、新观点、新经验、新主张。聚焦学术的关键是做到"两个融合"，即教研和科研的融合，教研与培训的融合。

三是聚焦成果。聚焦成果是一种目标导向，在研修工作中考虑的不仅仅是"做什么"，而且要考虑"做成什么样"，要考虑"达成成果需要做什么"。成果导向的研修工作是一个持续改进的过程，它要求建立一种有效的持续改进机制，从而实现"三改进，三符合"，即持续改进研修工作目标，让它始终与内、外部需求相符合；持续改进研修工作要求，让它始终与工作目标相符合；持续改进研修活动，让它始终与研修工作要求相符合。高质量研修体系的研修成果直指研修体系的构建，当研修体系真正为区域教育做专业支撑，在这种专业支撑的影响下，城市副中心教育实现了优质均衡发展，这才是真正的研究成果。此外，聚焦成果，还要能够驱动每一位研修员在研修实践中进行反思与总结，因为把日常研修工作经验、教训集结成册的过程也是专业发展的过程。

（四）四个"做好"

区域高质量研修的任务设计，需要针对城市副中心教育发展的热点难点问题，在四梁八柱改革上下功夫，通过重点领域的专项改革，集中发力，全面提升研修工作质量。重点领域的专项改革任务主要包括做好学科教研、做好项目研究、做好研修课程、做好研修品牌四个方面。

一是做好学科教研。学科教研是研修工作的根本，做实、做好学科教研，回归研究本位，是研修机构的根本任务。为此，每一个学科研修员，要能够在研修实践中总结、提炼出自己的研修主张，依托研修主张来统领研修工作。在研究的驱动与引领下，整合有价值的资源，凝练有亮点的经验，形成有特色的成果。在学科研究中，要集中力量总结"学科教师培养的有效路径"，总结"把学科教材教法科学分解的有效做法"，这就是我们自己的主张。在此基础上，我们要做好四个方面的研究：第一是课堂教学设计的研究。课堂教学设计研究应该坚持教学评一体化的基本理念，要确定好情境与活动之间的基本关系，要强调学生主体作用。第二是单元教学的研究。单元整体教学是基于教学方式变革对学科教学内容进行整合的课程教学机制变革。单元整体教学以大概念、大观念、大主题、任务群为基本形式，以基础、主干和核心内容为统领，实现课程内容结构化，确保实现学科育人目标。基于结构化主题的单元整体教学包含六个基本要素，分别为素养导向的学习目标、引领性的学习主题、挑战性的学习任务、持续性的学习评价、支持性的学习资源、开放性的学习环境。第三是教学规范的研究。人们常说没有"规矩"，不成"方圆"，如果把课堂教学中的有效倾听、有序合作等比作"方圆"，那么，教师有效的课堂组织、学生良好的学习状态，师生间平等和谐的互动就是促成"方圆"的"规矩"，即"课堂规范"。"规范"不是"禁锢"，不是"控制"，而是要为有效教学服务的；规范要能体现出对"促进学生的发展"这一终极目标的追求，表现出对学生个性的尊重和主体性的张扬；课堂规范既包括组织行为规范，也包括价值规范；既要有共性的特点，也要有个性的特点，要因生、因师、因校、因区的不同实际而有不同的要求。课堂规范不是目的，而是手段，真正的目的在于学生发展、教师发展和学校发展。第四是评价标准的研究。要在学习、借鉴、咨询的基础上，建构课堂教学评价的工具，引领城市副中心课堂教学的特色发展。

二是做好项目研究。目前，通州区教师研修中心的项目包括落实"双减"的微项目、基础教育课程改革实验区中的"18+1"项目、信息技术国家实验区中的"八大行动"……如此之多的项目，都要和日常研修紧密结合的；项目推进扎实了，研修工作质量就提升了。做好研修项目要关注以下三点：首先，项目推进要分清主次，要有前有后，重点的先行先试，有好的成果之后要大力展示和宣传，逐步把研修项目做成教育品牌。其次，要抓住关键要素，找准重点问题突破解决，比如"新课标学习培训项目"就要坚持以课标为抓手，通过课标为抓手的学习与培训，开展教学设计、录像课、说课的评比展示活动，通过研修活动深化教师对课标的理解进而落实到教学设计上、落实到课堂上。再次，要体现项目特色，例如校园行活动要着力体现学校为主体的特征，片区活动要体现共同体交流研讨的特征。

三是做好研修课程。"基于城市副中心教育发展的高质量研修体系研究"这项研究课题共包括四项研究内容，研修课程建设是最重要的一项研究内容，研修课程的构建与实施对于高质量研修体系建设发挥着至关重要的作用。研修课程的建设中，要关注四个方面：第一，要关注研修课程的设计。研修课程建设包括研修课程开发、研修课程实施、研修课程评价三部分内容，目前师训部、干训部已经初步把研修课程的基本框架搭建起来了，下一步在师训部的牵头下，各相关部室还要进一步分解细化，构建教师培训课程体系、学科研修课程体系。第二，要关注德育课程。研修课程中，不仅要关注学科研修课程建设，而且要重视德育课程的建设，目前学校在德育课程建设方面非常薄弱，作为研修部门，要围绕思政一体化的目标，促进相关责任研修员深化对德育的思考，通过德育课程建设，把班团活动、主题教育、德育活动融合在一起，形成学校德育工作的支撑。第三，要关注学科基地课程。学科基地课程其实也是研修活动的补充和加强，还是教师培训课程的又一侧面，更是学科在学校里发挥优质作用、凸显辐射全区的重要实践场所。学科基地做强、做大，学科基地牵头人、教研组长的经验在一定程度上就能成为兼职研修员，学科基地建设的经验就能够丰富研修课程建设。第四，学前五大领域的研修课程。《北京市支持副中心基础教育质量提升方案》中明确提出"加强学前教育的支持"，今后要在五大领域的研究上下功夫，分领域、抓案例，开发各个领域的课程，研制具有副中心特点的五大领域课程手册。

四是做好研修品牌。做好研究品牌是一项立足当下、着眼长远的工作任务，是一项坚持不懈、久久为功的工作内容。做好研修品牌具有以下三方面的意蕴：首先，做好研修品牌意味着研究成果与实践成效的共同收获。比如研究体系建设，不仅要构建出科学合理的研修体系框架，而且要确保研修体系框架的完善与研修质量的提升息息相关，也就是说研修体系的完善过程即是研修质量的提升过程、区域教育的发展过程。其次，做好研修品牌意味着专业引领与教师队伍素质提升并重。作为区域研修机构，促进学校教师专业发展是我们的基本职能，我们做的所有工作都是在打造教师队伍，锻炼培养教师的专业能力，所以研修员的工作质量是根本，所有工作都是为教师的成长服务。第三，做好区域品牌意味着开发具有区域特色且有效推动教育质量提升的组织机制与活动平台。例如课堂教学有效项目，历经启动阶段——线上线下教学发展阶段——深化阶段，从成立项目实验学校、建立先锋团队、建立理论研究核心组、研制课堂有效教学概念模型图，到深入学校进行视导发掘典型经验、组织课堂有效教学"小学论坛""中学论坛"，再到研制《课堂学习行为观察量表》、先锋团队送课、开展"通优课"课堂教学展评活动，假以时日，一定能够有效促进区域课堂教学改革与课堂教学品质提升，也一定能够成为研修品牌。再比如以同课异构为载体的市区联动，聚焦成果、抓住重点，同样开展了很长时间，只要在实践中做好提炼，同样可以成为研修品牌。

（五）五个"抓实"

空谈误国，实干兴邦；一分部署，九分落实。抓好落实包括两个方面的内涵，一方面是设计层面的落实，即能够把目标任务层层分解、落实到岗位、量化到个人、列出时间表、画出路线图；另一方面是实际行为的落实，"喊破嗓子不如干出样子"，研修工作的高质量推进，一定要深入学校、深入课堂，发现问题、寻找对策。为了实现建构高质量研修体系的目标，要做到五个"抓实"，即抓实常规，抓实效率，抓实改革，抓实队伍，抓实作风。

一是抓实常规。研修工作同其他教育教学工作一样，也有它基本的规律，常规与创新是最基本的两个概念，抓住了这两点就抓住了研修工作的牛鼻子，工作就会主动，有活力。当下，我们大力提倡研修工作的创新，因为创新是对研修品牌的追求，这点毋庸置疑；但是我们万万不可忽视研修常规工作，因为只有抓好常规工作，建立起规范有效的研修秩序，研修体系才能呈现出高效运转的局面。抓实常规工作要做到"三化"。（1）制度化。科学制定有关研修工作计划和管理制度，规章制度要全面、有序、实在，规章制度要重导向，以激励教师努力进取为主，不可设置过多的限制性条款，僵化的制度的最大弊端在于不利于优秀人才脱颖而出。（2）标准化。制度化的目的在于规范常规，而标准化则是为了进一步完善常规，提高常规管理的质量，它依赖于对常规行为不断地总结和完善，它是符合常规的个性追求。（3）序列化。研修工作的周期性很强，既要力求标准，又要有所侧重，符合计划，形成序列，例如命题、考试等工作，既要在计划的链条上节节展开、条理清晰，又要体现阶段性，各有侧重。

二是抓实效率。从管理学角度来讲，效率是指在特定时间内，组织的各种投入与产出之间的比率关系。当前，城市副中心教育已经转入高质量发展阶段，人民群众对高品质教育服务的需求越来越旺盛，我们一定要把发展质量摆在更加突出位置，提高供给体系质量和效率，加快实现由低水平供需平衡向高水平供需平衡跃升。抓实研修工作效率，首先要树立目标导向、提升行动能力，要提示每一名研修员明确研修中心"十四五"发展规划，用"十四五"发展规划之中的教育质量提升工程、教师素养提升工程、学生发展指导工程、资源开发建设工程以及具体行动方案指引广大研修员明确发展目标；要提示每个分支、每个部室、每个学科组、每一名研修员制订切实可行的学期工作计划，用切实可行的目标、任务落实"十四五"发展规划、指引具体研修活动。其次，要建立科学评价机制引领担当作为。制定先进部室、品牌学科组、党小组、工会小组等科学、适宜的奖励制度，表扬和奖励那些优秀研修员和服务人员，调动他们工作热情与积极性，促进他们持续提升工作效率。

三是抓实改革。实现构建高质量研修体系的目标，需要上下一致的努力，需要方方面面的条件支持；在各种各样的条件中，不断深化研修机构、考核评价的改革是非常重要的。为此，我们要精减组织中不必要的中间环节，使得组织结构更趋于扁平化，将治理中心聚焦于教育教学质量提升和教职工专业成长。逐步将治理重心下移，将民主、协商、科学的管理理念融入工作，赋予教职工更多的话语权和自主权。践行以院本研究为动力的发展机制，聚焦重点难点问题研究，分层分类、有序推进。

四是抓实队伍。建设一支具有敢于担当、专业精湛、结构优化、锐意进取的高素养的创新型研修员队伍。聚焦研修员素养提升，推动研修员专业精神、专业知识、专业能力的提高。形成老带新机制，发挥优秀研修员引领辐射作用，开办青年研修员培训班等研修员进修班，促进研修员不断内化岗位职责、牢固树立服务意识、不断提高服务品质。加强学术学部建设，推进教师教育教学个性化培训项目，形成学术年会机制，让研修员不断加深对学科知识、教研知识、教师教育知识、课程知识的理解力。推行"下水"示范课、下校兼课项目并形成常态机制，让研修员深入一线课堂听课、兼课、授课，深入了解学情、教情，提升教研水平。

五是抓实作风。唯有抓实作风建设，才能切实树立研修品牌。抓实作风建设，要努力做到以下三点：（1）以转变观念为前提，增进服务意识，要想学校师生之所想，急学校师生之所急。（2）加强舆论引导，营造良好氛围，宣传正能量。（3）强化制度建设，确保作风建设长效常态。细化作风建设内容，归纳为研修理念、服务态度、廉洁自律等。建立健全岗位责任制、服务承诺制、信息公示制、民主评议制、责任追究制等制度，同时不断完善和调整重点建设内容，与评优评先、提拔任用等挂钩。

三、区域高质量研修体系的建构

高质量研修体系是根据研修体系的内容维度，在高质量教师研修体系发展定位统领下，研修体系各个子系统具备高效、有针对性、有效率的特征，即一体融合式研修机制更加高效，教师研修课程体系丰富完善且个性化，运行与保障系统更加有效率，最终共同构建起科学引领教师专业发展的教师研修体系。

（一）思想理念

在建设城市副中心的背景下，通州的教育设施、文化设施、公共服务体系等方面都发生了翻天覆地的变化。区教育工委、区教委始终以办人民满意的教育为宗旨，实施"打造教育强区"战略，深入推进教育改革，促进教育优质均衡发展，以打造公平、健康、协调发展的教育高地。通州区教师研修中心（分院）地处北京城市副中心的核心区，地理位置的得天独厚，也赋予其特殊的教育使命。中心（分院）秉承"同心汇智 研修赋能"的研修理念，围绕学科研修、教师培训、命题评价等重点内容，扎实开展各项工作，促进教师队伍专业发展。在教师培训和专业化发展中整合力量，将"课堂、课题、课程"与"教研、科研、培训"相融合，形成了"研修赋能、课程输出"的模式，不断促进研修转型创新。

2019 年 11 月 20 日，教育部发布了《关于加强和改进新时代基础教育教研工作的意见》（教基〔2019〕14 号），对完善教研工作体系、深化教研工作改革、加强教研队伍建设和完善保障机制等方面提出了具体要求和指导意见。其中完善研修体系建设是加强深化教育教学改革，全面提高基础教育质量，面向新时代教育发展转型要求的重要组成部分。为加强和改进新时代基础教育科研和教研工作，中心（分院）以"创建教师培训示范基地，打造教师教育专业品质"为愿景，以"研以至精，修以致诚"为目标，推动研修体系建设，完善研修机制，提升区域教育教学质量。

1. 树立核心发展目标共识

在以立德树人为根本任务的改革精神指引下，以"同心汇智 研修赋能"作为中心（分院）发展内涵及共同愿景目标，集全院之力打造全新研修体系，凸显"研究、引领、指导、服务"研修的职能作用。在研究的基础上，坚持课题引领、项目引领、行动引领，基于需求、基于教师、基于问题，开展视导服务、众筹服务、个性服务，追求覆盖性、实践性、参与性、系列化和个性化的良好研修效果。

2. 形成整体发展动力系统

在"创建教师培训示范基地，打造教师教育专业品质"的目标引领下，激发研修个人与群体活力，发挥研修正能量。通过院本培训、学术年会、特级教师专委会、下水研修等多种方式激活中心（分院）发展动力，充分调动中心（分院）内部优质资源。就当前教育改革的发展形势，要建立大研修概念，形成以需求为中心的区域教育实践，形成全覆盖可选择的区域教研内容，探索内外结合的教研组织形式，实现研修范式的重构。打造一种新型的研修空间。

以中心（分院）整体发展为动力系统，该系统为自组织动力系统，具有结构化、有机化、有序化、系统化四大特点，内涵是同心汇智、研修赋能，外延是教育质量提升工程、教师素养提升工程、学生发展指导工程、资源开发建设工程四大工程。在同心汇智、研修赋能的引领下，组织形式为八大学部、六大中心。健全各部门之间的相互协作、互动共生机制，推进部室融通，横向打通并成立语文、数学、英语、思政、自然与科学、人文与社会、体育与艺术、技术与综合等八大学部，成立创新人才培养中心、学生发展指导中心、对外交流中心、项目管理中心、数据分析等六大中心。

3. 拓展动力系统运行外延

中心（分院）"十四五"发展规划中推进的四大工程"教育质量提升工程、教师素养提升工程、学生发展指导工程和资源开发建设工程"及 20 个子项目是整体研修动力系统的外在路径，通过研究项目推进，团队破解问题，促进教育发展。基于以上实践与思考，我们一直在探寻教师研修中心具有综合功能的单位职能融合和统领问题，为区域教育做专业支撑，是我们的主业主责，因此，构建高质量研修体，我们将努力做到两个融合：科研与教研、培训与教研；以课程作为成果输出，为区域教育做好各类培训、教研、科研的供给侧资源建设。

（二）体系结构

学习贯彻党的二十大精神，深入推进中国式现代化，扎根中国大地办教育，面向 2035 教育现代化，作为城市副中心教育的高质量发展，需要高质量的区域研修体系。本研究基于教研转型发展实践（第一章），基于教师发展等相关理论基础（第二章），基于通州研修发展历史及实践基础（第三章），尝试建立城市副中心的高质量教师研修体系。高质量研修体系可以分为四部分，见图4-2：高标准的研修体系需求定位、高效率的一体化融合研修机制、丰富完善的个性化教师研修课程体系、运行保障系统。

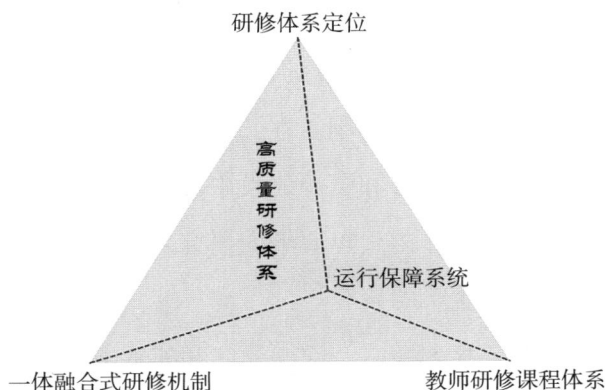

图4-2　高质量研修体系

1. 城市副中心高质量教师研修体系定位

（1）建构依据。

随着教育事业逐渐转向以促进公平、提高质量为根本标志的内涵式发展，研修工作必须与时俱进，加快改革创新。研修转型的核心要求，就是要实现从传统教研向现代教研的转变，向符合时代需要的教研转变，向"以人为本"的教育教学的总体需要转变。研修机构要在"研究、引领、指导、服务"四个职能定位基础上，进行职能转型升级[①]。一是重研究。由单一的课例研究、课题管理、继续教育管理转变为"一体化"的教师发展研究。通过项目组合作攻关的形式，聚焦教育教学和教师发展中的真问题，开展基于问题的项目研究，提升学习、互动、研究的质量与水平。二是重引领。配合区域教育管理机构，通过建章立制、搭建平台等方式，引领学校和教师聚焦教育教学改革的重点和难点，立足校本，点面结合，人人参与，形成区域教育教学特色。三是重服务。在保证区域正常的研修秩序的同时，根据基层学校的需求，建立项目帮扶、教师发展、成果展示等方面的运行机制。在此基础上，进一步建立健全课程发展中心、教学研究中心和资源建设中心，研修重心必须下移到课程实施层面，研修工作的重点要转向研究人，即对教育过程中教师和学生（特别是学生）的研究[②]。

现代研修是以"育人导向、问题导向和实践取向"为本的研究活动。研修活动有着扎根课堂学实践的根本属性，其本质是对教学实践的改善和促进。因此，教研工作要关注师生现实需求，基于实践，服务学校、教师和学生的发展。研修机构的核心使命应该是通过研究区域教学现状，探索提升区域教育教学质量的途径，提升教师的教育教学专业素养，指导区域教育教学工作。然而，现实实际中，任务式培训普遍存在，研修中工作与教育教学实践严重脱节，

---

① 当前研修转型主要表现在内容和方式两个维度。从内容上讲，研修工作要符合新时代特征，实现进一步深化课程改革，落实立德树人根本任务的目的。从方式上讲，研修工作逐渐从过去传统研修方式转变为以主题教研、项目教研、网络教研、区域教研、校本教研和联片教研等新方式为主的研修活动。

② 尹后庆. 质量时代的教研转型 [J]. 人民教育，2016（20）：1.

服务区域教育的这一核心理念没有得到贯彻落实。研修工作的重中之重是指导教师更好地服务区域教育教学实践。只有始终坚持为区域教育服务的理念，才能充分发挥研修机构的应有作用。研修机构的定位与性质，决定了促进教师发展是其核心工作，提高实践能力是关键内容。所以，"注重科学实践""促进教师发展"应该是研修工作的两个基本原则。

"注重科学实践"更多地指向研修工作的起点和终点，要求我们从实际出发，并服务现实的教育教学，真正做到从教学中来到教学中去。注重科学实践，是指研修活动为教育教学实践服务，围绕教育教学实践开展，在教育教学实践中检验，在教育教学实践中提升。研究活动围绕教育教学实践的需求，研究方向瞄准教育教学实践的问题；培训活动须围绕教育教学研究的成果，培训规划结合教育教学实践的现状；实践活动围绕科学合理的研修规划，实践指导着眼教育教学实践水平的提高。

教育教学工作的开展依赖教师队伍，教育教学工作的效率依靠教师素养，促进教师发展是研修工作的关键。促进教师发展的目标指向是"教师发展"，研修机构的主要职责是"促进"，研修活动中，教师是主体。我们不仅要让学员在研训中得到提升，还要让他们提高其发展自我的能力；同时在研修中促进研修员的自身发展，进一步提升研修机构的"促进"作用。促进教师发展，具体要求可以总结为"五扣一提"：紧扣教师教学观念的正确及其更新；紧扣教师教学理论理解及其运用；紧扣教师专业知识的巩固及其拓展；紧扣教师教育管理的科学及其艺术；紧扣教师教育技术的掌握及其提高；提高机构促进教师发展的能力①。

区域研修机构的功能融合，必须要厘清教科研训之间的关系，而功能融合本身也是教育科研的内容和对象。因此，需要智慧研究、深度投入，探索教科研训一体化的多重路径、多种形式、多样载体，用行动为方法求解，才能开辟出未来研修发展的新天地。

（2）基本设想。

城市副中心高质量教育发展和教师队伍建设对研修体系提出了新的要求，在需求调研和对通州区教师研修体系发展历程梳理的基础上，我们要对高质量研修体系建设发展定位进行分析，明确高质量教师研修体系发展定位。

按照教育部下发的《关于加强和改进基础教育教研工作的意见》的文件精神，分院（中心）应具备四个服务任务：服务学校教育教学，引领课程教学改革；服务教师专业成长，指导教师改进教学方式；服务学生全面发展，深入研究学生学习和成长规律；服务教育管理决策，提高教育决策的科学化水平。基于此，分院（中心）的定位应是：集教研、科研、培训于一体的教师教育机构，应做好课程发展、课堂教学研究、质量评价研究、教师培养、资源建设。

当前社会发展、副中心建设以及移动互联技术的迭代更新速度之快，对研修工作带来新的思考和挑战。研修中心在原有研究、指导、服务的基本功能基础上应升级为：链接、赋能、引领。首先，

---

① 刘永康. 县级教师发展中心研训一体化的探索 [J]. 江苏教育，2018（78）：45-46.

链接。教师的专业成长不是线性的，而是一个教育生命个体立体化的成长过程。通过研修可以实现多元链接，一是实现国家课程方案、课程标准等政府文件与课堂教学的链接，二是实现教育理论与课堂教学的链接，三是实现优秀经验与课堂教学的链接。这些链接是基于教师实际需求的转化。其次，赋能。新时代研修强调学以致用，经历输出性的学习，才能加深理解，建构意义。最后，引领。我们不应以"我们能做什么"为标准，而应以"我们应该做什么"为准则，始终以学生、教师、学校的需求为方向、目标。总之，研修的力量，就是通过链接、引领来赋能，通过信任、创新来赋能，给予老师专业发展的内生动力和外部支撑。

基于上述研修功能的思考，分院（中心）应双管齐下，聚焦两大中心工作：质量提升（命题、教研、教学）与队伍建设（研修员队伍、教师队伍）；实现两项核心任务：机构转型和研修转型。

对于机构转型而言，分院（中心）要构建一个多维度、立体化、更加开放的教研、培训、学习、研究的环境，逐步在 16 个独立部室的基础上，设置创新人才培养中心、学生发展指导中心、对外交流中心、项目管理中心、数据分析中心、资源建设中心六大中心，设置了语文学部、数学学部、英语学部、思政学部、自然与科学学部、人文与社会学部、体育与艺术学部、技术与综合学部等八大学部。突出部门协同、横纵打通、强化学术研究，增强研修员的学习力、研究力、指导力、示范力和引领力。探索以问题为导向，聚焦问题、分析问题、解决问题，关注教师实际获得；优化教育行为，为教育决策提供实践和理论支撑，为提高教育质量提供充分保障。

对于研修转型而言，一是创新机制，通过三级联动深度教研（区域、共同体、校本），最终把理念落到课堂实践中去。① 区域教研：把握方向和理念、调研需求、规划课程、组织实施、跟进评价，解决教师专业发展中的共性问题。② 共同体教研：聚焦专业发展需求相似，有共性难点，学生水平相当的学校，解决教师教学实践中的关键问题。③ 校本教研：师训部指导各校校本培训，教研员介入学科解决学校教学难题，破解学校具体问题。二是以课题项目为载体，深入学校开展实证研究，破解教育教学难题，总结规律，拓展推广到区域。三是学科基地，建设优秀学科教师团队，发挥团队引领带动作用；同时定位薄弱学校，教研员下沉到校，支持学校学科建设。

对于教师队伍建设而言，教师专业发展是中心义不容辞的任务，研修转型就是要构建教师专业发展的"立交桥"。为此，要改善现有的研修模式，构建一种分层分类分科的，基于需求的"互联网 +"的研修培训体系，研修内容从基于经验转向基于实证，到基层去与老师们在一起，兼课与指导并行，形成学科教研员团队之后，建立滚动任教机制；到高校、兄弟区县跟岗；到教育学院培训；等等。目前基于现实，提出四个一行动、三个重点工作和几个百工程。四个一：学期做好一个主题，每月上好一次示范课，每周下到一所学校，挑战一次创新方式。三个重点：重点学校帮扶指导；重点学科基地建设；重点品牌打造推广。百千工程：实现"一百个命题骨干培养、一百个骨干研修员培养"的"双百计划"

和"一千个精品课程建设、一千个学科关键问题解决"的"两千计划"。

基于上述设想，我们希望能够将研修中心（分院）建设成为小实体、多功能、大服务的研修机构。对于研修内容和深度教研的思考和发展还有待进一步研究，特别是教研员队伍和教师队伍素养提升和专业能力提升方面。

2.一体化融合研修机制

（1）建构依据。

首先，教学研究以课程实施过程中教师所面对的各种具体问题为对象，以教师为研究的主体，由理论和专业人员共同参与。它强调理论指导下的实践性研究，既注重解决实际问题，又注重经验的总结、理论的提升、规律的探索和教师的专业发展。教学研究按层级分类，可分为校本教研、连片教研和区域教研；按照内容分类，可分为课程价值传播、教育理论学习、教材结构解读、教学内容研究、课堂形式探讨、教学手段选择和学情调查分析等；按照路径分类，可分为自我反思、同伴互助、专家引领。[①] 从本质上说，新课程改革背景下的教学研究是探究课堂教学转型的研究，是教师从"灌输中心的教学"转型为"对话中心的教学"、从"技术熟练者"角色转型为"反思性实践家"角色的过程，也是通过行动研究形成每个教师"实践智慧"的过程。通过教学研究，广大教师深刻领会课程价值，深度理解课程标准，准确把握三维目标，理性分析学生

---

① 徐伯钧.教科研训一体化：县域教师发展中心的功能融合 [J].教育理论与实践，2015（11）：31-33.

情况，有效选择教学方法，最终全面提高教学效能。

其次，教育科研是指人们运用科学的方法探求教育事物的真相和性质，摸索和总结教育规律，并取得科学结论的研究活动过程，是教育工作者对教育领域的对象、现象及其规律的一种创造性认识活动。按照研究范围，教育科研可分为宏观研究、中观研究和微观研究。区域教育科研显然应该定位于微观研究，它是根据国家教育改革和发展规划的宏观要求，结合本地区教育发展的实际，围绕学校和教师在课程实施中遇到的具有普遍性和典型性的亟待解决的问题，在教育理论指导下进行的解剖教学问题、转变教学行为、创新教学方法、丰富教学思想与提升专业化水平的研究活动与过程，它是教学研究的高级形态。因此，区域教育科研应该通过调查研究发现亟待解决的共性问题，然后分清问题类别、确定研究主题，以教育教学理论为指导，以形式多样的系列教学研究活动为依托，通过行动研究，提出解决问题的策略和方法，并用以推动类似问题的解决，发挥教育科研的辐射作用。教育科研是提升教学研究品位的良好路径，需要以科学研究的态度对待具体的教育教学问题、以先进的教育理论来观照具体的教学研究行为，在研究过程中将教育理念转化为教学理念、活化为教学行为、深化为教学品质、内化为教学智慧，使得教学研究成为高品位、高品质的教育教学实践活动。

再次，教师培训是加强教师队伍建设的重要环节，是推进素质教育，促进教育公平，提高教育质量的重要保证。教师培训应当贯穿教师职业生涯全程的专业发展，小到集体备课活动和校本研究，大到课题研究和专题培训，都能起到培训教师、提升教师专业水平的作用。教学研究是基于教学活动的教师培训，是促进教师专业成长最直接的行动研究。区域组织教研活动时，要根据本区域学科教学的现状和学科教师队伍的构成，以教师学科教学知识（Pedagogical Content Knowledge，PCK）的拥有程度为基本标准，对教师进行分类，然后根据不同类型教师专业成长的最近发展区，明确其专业化发展的方向和目标，并按照不同类型主体的需求，根据补偿原则，确定教研主题，分类教研，分别指导，全面提高区域内教师专业发展水平。作为区域教学研究的高级形态，教育科研能够使教师通过教育理论的学习和研究，有效提高和拓展理论素养和宏观教育视野；教育科研能够使教师通过教学改革实践的探索和总结，进一步完善知识结构、提升知识更新的能力、创新教育模式和教学方法的能力、培养学生终身学习的能力和运用现代教育技术等业务素质。教育改革发展的大量实践证明，教师的专业成长离不开教育科研，即教育科研是全面提升教师素质、促进教师专业成长的最重要途径。相对于教学研究和教育科研这些根植于日常教育教学活动过程的草根式常态培训，专项培训通常是由"国培""省培""市培"项目组成，由各级教师培训机构组织实施，以短期集中研修和远程学习为主要培训方式，有明确的计划性、针对性和科学性，或是为了普及全体教师某方面知识，或是为了完善某类教师某方面知识，或是为了促进某类教师的整体提升。

最后，信息技术的发展对教育产生了深刻的影响，它不仅成为学习对象与学习手段，而且也在不断地冲击传统教育理念、改变传统教育模式、丰富教育内容、变革学习方式且优化研究路径。这种基于网络的技术进步对教育产生了革命性的影响。信息技术为教学研究提供技术手段。信息技术使教学研究从平面走向立体、从静态走向动态、从抽象变为具体、从粗放走向集约，丰富了教研形式，提高了教研效率，增强了教研效果。信息技术为教育科研提供技术保障。信息技术改造和更新了传统的研究方式，可以更高水准、更为有效地提取、存储、分析和检索信息；信息技术可以对大数据进行可视化分析，为教育科研提供智能的、深入的、有价值的信息；信息技术可以为教育科研管理提供高效便捷的技术支持，教育科研数据的分析和整理越来越倚重信息技术；信息技术可以优化教育科研活动实施的路径和形态，为教育科研成果的展示提供了新方式。信息技术为教师培训提供新型平台。信息技术改变了过去"专题报告式"的单一的培训方式，使培训对象、培训内容、培训形式、培训容量、培训效率和培训效果都发生了根本性变化，成为教师培训新式平台。

总之，教科研训一体化，教研是基础，科研是指导，培训是抓手，信息技术是支撑。换句话说，教育科研是提升教学研究品位的最佳路径，教学研究是提高教学效能的最佳方式，教师培训是加强教师队伍建设的重要环节，信息技术是信息社会中教科研训一体化的重要支柱。区域研修机构基本上是在整合进修学校、教科所、教研室和电教馆的资源和职能的基础上建立起来的，只有通过四位一体功能的深度融合，真正实现教科研训的一体化，才能充分发挥区域研修机构在教学研究、教育科研、教师培训和教师发展等方面的作用，推动区域教育优质均衡可持续发展。

　　"教科研训一体"需要阐明教育教学、教学研究、教育科研与师资培训之间的逻辑关系，"教育教学"是学校的中心工作，"教学研究"是提高教学效果的行动研究，"教育科研"是提高教育教学质量的科学方法，"教师培训"是提升教师专业水平的重要路径，信息技术为教学研究、教育科研、教师培训提供技术手段与新式平台。"教科研训一体"是指诸要素相互协调，互为补充，形成整体，解决新时代教育发展变化后教师培养遇到的新问题的模式。就教研而言，研修机构直接站在最前沿，直接研究最本真的教学，直接指导最一线的课堂，最具有教育教学实践的真实感知；就科研而言，研修机构在科研能力上有一定的局限性，高深理论欠深刻，前沿理论偏滞后；就培训而言，研修机构开展的培训活动更多指向教师的专业发展。就三者的关系而言，科学研究为培训提供依据，是对教研的引领；培训是研究成果的传播，是对教研的指导；教研是对研究成果的检验，是对培训内容的落实。三者之间紧密联系，教研的过程是最有效的研究对象，是对培训成果最常态的运用；培训的过程是研究的重要环节，也是研究队伍成长的过程；研究的过程是自我培训的过程，也是对教研进行研究的过程。可以从三个方面理解[①]：一是科研培训机构应充分整合教学研究、科学研究与培训的资源，承担教育理论与实践的研究、指导及教师培训的任务，有效地促进教师专业的发展；二是研训管理者要以课程、课堂研究为载体，以课题、项目研究为抓手，进一步探索教科研训一体化的运行

---

① 吴青华．"教科研训一体"视域下县级教师发展中心的建设机制与工作策略 [J]. 江苏教育研究，2020（34）：44-45.

模式；三是研训学员要在"研"中"训"，"训"中"研"，形成正确的专业理解，具备关键的专业能力。

"教科研训一体"的基本特征：一是主体性。研训工作的最终目的是发展学生，但是研训活动的主体应该是教师。确立了研训工作的主体，就会避免主体的虚空，避免实践的虚化。二是综合性。中国特色的教师专业发展非常重视教研系统的支持，往往忽略科研系统的作用。研训工作要充分发挥教育科研、教学研究、教师培训的不同功能，探索"研训融合"的运行策略，从认知、情意、行动三个维度，促进教师的自主发展。三是实践性。对于教师的培养，我们应坚定不只追求"有名"，更要追求"有用"的培养目标，要改进理论与实践脱节、内容与形式分割的培训方式，提倡"在做中学""在学中做"的理念。

（2）基本设想。

教科研训一体化是指对师资培训、教育科研、教学研究、信息技术等部门职能进行有机整合，使之融为一体，融会贯通。从某种意义上讲，教学研究、教育科研、教师培训、信息技术等本来就是同一件事情，归根到底是通过教师专业发展去引领课堂，再利用课堂促进教育教学质量提升。因此，将科研、教研、培训的外延进行拓展，就有了一个全新的概念"教科研训一体化"。可见，传统意义上的教研、科研和培训都属于教科研训一体化的抓手，这些抓手相互区别、相互联系、相互促进，构成了教科研训一体化的共同要素。

从内部角度，在构建教科研训一体化的同时，需要将机构的设置、制度的建立、工作规范的形成等同步跟进，需要思考并寻找科研、教研和培训的共同点和不同点，研究教研＋科研、教研＋培训、培训＋科研的融合具体内容和形式，总结出"三位一体"融合的制度与运行机制，改变原有的研训方式和管理方式，促进教师的专业发展和教育教学质量的提升。

一是以主题式教研促进研修效能的提高。教研活动是贯彻党的教育方针，推动教育教学改革顺利进行和提高教育质量的关键，应成为教师专业发展的重要载体。主题式教研能够调动广大教师的积极性，激发集体的智慧和潜能，发挥基层学校优势学科的辐射作用。因此，从区域层面，以问题为导向，围绕主题开展实践研讨，能使教研活动聚焦教育教学，使广大教师针对共性问题进行现场研究、反思、实践和行为跟进，进而探索规律、总结提升，提高研训效能。主题式教研以"课"为核心，从"课堂"扩展到"课程"，创造性地实施课程体系，使深化素质教育、推进内涵发展举措落到了实处，提升了教育教学质量。在实施主题教研过程中，必须将关注重心下移：① 教学空间下移，即要关注基层学校和课堂中的教学有效性，要对存在的问题进行诊断、研究和指导；② 教学要素下移，即把重心从关注教师的"教"下移到关注学生的"学"；③ 教学环节下移，即从教材教法等上游环节下移到有效作业和有效评价等下游环节。

二是以浸润式科研成就教育品质的提升。教育要发展，科研必先行。通过浸润式的科研模式，力求在研究理念、视角、方法、内容和成果等方面进行创新与突破。首先，教研的课题化。中小学教育科研是指广大中小学教师所从事的旨在改善教育教学工作、提高教育教学质量的各种研究，其中包括教学研究。它具有问题性、过程性、实践性、应用性等特征。基于问题开展研究是当前教研工作落实新课程改革要求的基本方式。美国斯坦福大学教育学教授迈伦·何特金认为，美国教育研究未能跟上教育改革的步伐，原因就是教育研究脱离教育实际，教学第一线的广大教师和学校管理人员未能直接参与教育研究。只有教师成为教育研究的完全参与者，学校教育改革才能前进。在深入推进课程改革的进程中，有很多问题值得研究。因此，很多研修机构提出教研工作课题化的思路，要求日常教研做到"三化"，即主题化、系列化、成果化。主题化要求每学期的学科教研要围绕推进课程改革提出教研主题，围绕主题开展学期教研活动。系列化要求学期教研要围绕主题开展系列教研活动，同时要求若干个学期主题要形成学科教研系列，一个阶段的教研要落实国家课程改革的整体意见。成果化要求教研工作要注意积累，形成科研成果。以初中道德与法治教研为例，围绕学科核心素养培养研究的主题，提出近期将要研究道法学科特征、学科目标、学科文化等几个课题，计划用三年时间将这些课题以集中教研的方式进行系列化研究，由此提炼出"道法课教学目标达成"的科研课题。其次，通过课例研究提升教研品质。与中小学教研联系最紧密的是课堂教学，教师们最关注、最感兴趣的也是课堂教学研究。围绕课堂教学，需要研究的课题非常多，很多研修机构以"三个走进"的方式开展课例研究，提升校本教研的品质。"三个走进"是指"走进课程目标，开展课例研究；走进课程评价，开展课例研究；走进课程对象，开展课例研究"，这"三个走进"是基于当前中小学课堂教学存在的主要问题而提出的。

三是以反思研究提高教师培训质量。教师培训是促进教师专业发展的重要活动。《教育部关于深化中小学教师培训模式改革全面提升培训质量的指导意见》中提出，要"转变培训方式，提升教师参训实效。各地要针对教师学习特点，强化基于教学现场、走进真实课堂的培训环节。通过现场诊断和案例教学解决实际问题，采取跟岗培训和情境体验改进教学行为，利用行动研究和反思实践提升教育经验，确保培训实效"。美国学者波斯纳（C.L.Posner，1989）认为，教师的专业成长离不开对自己工作经验的反思。他提出了教师成长的简要公式：教师的成长＝经验＋反思。在他看来，没有反思的经验是狭隘的经验——这种经验只能形成肤浅的知识，如果教师仅仅满足于获得经验，而不对经验进行深入思考，那么他的发展将大受限制。因此，加强教学的反思研究，可以不断提高培训的质量。中小学教育科研具有大众化、实践化、协作化等特点。这就决定了中小学教育科研必须与本职工作有机结合起来。在推进教科研训一体化的工作中，用课题研究的方式，推进各项工作，要做到"准"和"实"。课题定位要"准"，课题要切合教研培训的实际，通过教育科研来探索实现教研培训目标的最佳途径、方法；课题要有一定的前瞻性，符合教育教学改革的发展趋势，有一定的价值。课题研究要"实"，研究过程要实实在在，在课题研究中提升能力和水平，推进教研培训工作的科学发展。为了实现培训目标，对课题组成员要有"五个一"要求，即一周至少读一篇教学论文，两周至少阅读一本专业书籍，撰写不少于 1000 字的读书笔记；按照学期观察重点，一周至少参加一次微观察，记录观察心得，每月整理成叙事文章；一个月至少组织一次课堂观察活动，围绕观察重点，体现三个环节，撰写一份观察报告；一个月参加一次课题组集中研讨活动，详细介绍一月研究情况，并将介绍材料整理成文，编辑在课题研究简报中；一学期至少完成一篇高质量的课堂观察论文，从而做实了研究过程。[①]

从外部角度，基于国家、省、市、县、学校五个层面中的研修职能定位与作用发挥，我们要梳理出"五级联动"融合的制度与运行机制，构建整体协同研修体系，保障高质量研修的落实。研修体系是研修实施的组织保障。高质量研修实施要重视研修的顶层设计，加强研修活动的统筹规划、设置安排、组织和管理，建立由高校专家、专职教研员、特约教研员、兼职教研员、名教师、骨干教师组成的研究共同体，共同探索、研究与解决教育教学的重点、难点和热点问题。探索研修协作新模式，提升区域、城乡、学校之间的教研协作力度，鼓励支持跨区域、跨学校开展教研活动，协作教学、协作教研，共同进步。加强与教育行政部门、高校、研究机构和学校等的合作，以研促教，以研促学，构建上下联动、横向贯通的整体协同教研格局。研修体系构建需完善制度建设、队伍建设和内涵建设，如以教研帮扶活动、教研员研修项目等促进教研制度与教研队伍的建设，以教研基地项目建设推动教研内涵的发展，以区

---

① 蒋玉国.运用教育科研方法，实现教科研训一体化 [J].教育科学论坛，2015（23）：39.

域层面的青年教师教学能力大赛和教研大讲堂活动推动教师专业与
课程教学发展，促成整体协同的高水平教研体系，保障高质量研修
的落实。

3. 城市副中心高质量教师研修的课程体系

（1）建设依据。

首先，教师研修课程的价值取向。相关研究指出，从教师研修
课程的发展历程看，三种不同的课程价值取向在不同历史时期先后
占据了主导地位：知识本位取向、能力本位取向和专业发展（标
准）取向。不过，从教师教育课程发展的整个历程来看，知识本位
及能力本位都曾是教师教育课程设置的主流价值取向。随着教师专
业发展理论的提出，用标准的形式来明确教师所应具备的素养，并
且作为教师教育课程设置的依据成为新的关注点，由此，便形成了
教师教育课程设置的新价值取向——标准本位取向。有研究者也
提出了知识本位、能力本位和个人（学生）本位教师教育课程设置
的价值取向。母小勇等发现西方教师教育课程存在两种截然不同的
观点：一种是把课程看作手段，其价值由外在的目的赋予；另一种
认为课程本身就是目的，具有内在的善或价值。前者使教师教育课
程呈现出知识本位和能力本位价值取向，后者则使教师教育课程表
现出标准本位价值取向。[1] 知识本位的基本假设是教师只有获得一
定的知识，才能完成教学任务，教学是简单的知识传授过程。能力
本位以技术理性主义、行为主义为理论基础，其基本假设是教师不

---

[1] 母小勇，谢安邦 . 论教师教育课程的价值取向 [J]. 教育研究，2000（08）：43-47.

仅要获得一定的知识，还要拥有运用知识的能力，才能更好地完成教学任务。标准本位的基本假设是支撑教师完成教学任务和专业发展具有一系列的专业标准，只有达到该标准，才能胜任教师职业，完成教学任务。

其次，教师研修课程的目标、内容、实施与评价。泰勒提出了课程开发的四个基本问题：应该达到哪些教育目标；应该提供哪些教育经验才能达到这些目标；教育经验如何才能有效地加以组织；如何确定这些目标正在得到实现。这四个基本问题构成了人们熟知的泰勒原理。关于课程体系研究，学者们基本遵从泰勒原理，对课程目标、内容、实施与评价进行了研究。在教师研修课程目标上，正如费曼·尼姆什所说，目标确定时需要重点考虑三个问题：① 在学习教学的早期阶段，教师学习的中心任务是什么？ ② 在未来教师培养、新教师入职和教师早期专业发展方面，职前教师教育执行上述任务的情况如何？ ③ 在促进教学改革方面，什么是富有前途的教师研修课程？在课程内容上，学者杰妮·穆恩等人根据自己的实践，对教师研修课程内容提出了以下原则要求：活动为基础、具有反思性、关注过程和产出、基于课堂实践、要与后续活动相连接以及对教学内容的持续监测。我国学者陈时见认为，教师研修课程呈现多样化的课程形态。从内容维度看，分为指向人格、指向能力、指向理念、指向认知、指向制度和指向情感的课程等。从课程结构组织方式角度看，又可以分为背景型、知识型、实践型和综合型课程。① 在教师研修课程实施方面，克拉克等研究者认为促进教师专业素养提升的有效策略主要包括：主持讨论、计划实验、设计跨学科的单元学习、举行辩论、组织写作工作坊、展开实地考察等。在教师研修课程评价方面，很多研究发现基于任务的表现性评价是评价教师专业素养的有效途径。

最后，教师研修课程的开发模式。课程开发模式是指在课程开发过程中，根据某种思想和理论，选择和组织课程内容、教学方法、管理手段，以及制定课程评价原则而形成的一种形式系统。不同的课程开发模式有不同的教育哲学和心理学基础，代表不同的课程组织结构和教学过程，反映课程与相关领域的不同关系。当前，课程开发模式主要有三类：目标模式、过程模式与批判模式。这些一般意义上的课程开发模式对教师研修课程开发也具有参考借鉴价值。我国学者曾本友提出以工作过程为导向的课程开发思路，按照教师岗位来设计和建构课程体系：第一步，分析教育岗位，明确岗位技能和素养；第二步，确定基于工作过程的教学内容体系；第三步，将教学内容进行模块化处理；第四步，根据教师的认知流程，结合教育工作展开过程来组织课程模块。②

综上所述，国内外学者对区域教师研修体系建设有诸多研究，包括研修课程、研修机制以及教师专业发展理论等，各地区在区域教师研修实践中也有诸多创新举措，均为本研究提供了很好的基础

---

① 陈时见. 教师教育课程论：历史透视与国际比较 [M]. 北京：人民教育出版社，2010：310.

② 曾本友. 以工作过程为导向的教师培训课程开发 [J]. 继续教育研究，2009（10）：101-105.

性支持。但是，从研究方法来看，对于研修体系的建设大多集中于经验总结，基于区域教育发展需求调查的实证性研究较少；除此之外，对在构建区域高质量教研支持保障体系方面的研究较少，尤其在利用数据资源、重组内部人力资源保障研修体系运行等方面。本研究将以此为切入点，重点回应北京城市副中心高质量教育发展中的研修体系建设，为区域教师研修体系的创新发展提供新探索。

（2）基本设想。

虽然我国教师教育课程体系日渐成熟，但是现有的教师研修课程对提升教师专业素养作用有限。我国《教师教育课程课程标准（试行）》专家组在进行全国范围内的调查研究后发现，我国教师目前存在的主要问题有：学生观、教师观和教育观等存在误区，理解学生和学习方面的知识缺乏，教育学生的知识和技能较为匮乏，支持学生学习的知识和技能不成熟，学校教育实践的感受和亲历较少，参与反思性实践的体验意识不够。在职教师研修课程——在培养或提升教师专业素养方面存在问题：课程目标中体现教师专业素养较为模糊；研修课程并未有效地指向教师的教学实践，且并未根据教师的群体差异设置不同的课程；课程实施方式对于提升教师专业素养作用有限；课程评价并未有效指向教师专业素养。[①]《教师教育课程标准（试行）》明确提出："在职教师教育课程要满足教师专业发展的多样化需求，充分利用教师自身的经验与优势，进一步深化和发展职前教师教育的课程目标，引导教师加深专业理解、

[①] 陆勤超.指向教师专业素养的教师研修课程研究[D].华东师范大学博士学位论文，2017：105.

解决实际问题、提升自身经验，促进教师专业发展。"虽然《教师教育课程标准（试行）》在课程设置建议框架中提出了"加深专业理解""解决实际问题""提升自身经验"等方面具体的主题或模块举例，但是实际的在职教师研修课程却并没有有效指向教师专业素养，即教师在教学实践过程中需要的知识，只是关注被舍恩喻为"处在干爽高地"的理论性知识。

当前教师教育课程研究大致可分成三类：第一类为基于教师知识理论呈现课程目标、体系、实施和评价等课程要素；第二类讨论某门学科教师的教育课程，在讨论课程概念框架和总体设计时涉及教师专业素养，然后论及课程各要素，并对这门课程开发提出较为宏观的原则与建议；第三类为探讨某种特定的教师专业素养的培育。但是，指向教师专业素养的教师研修课程研究则较为少见。传统的分科培养模式强调学科知识为主轴，而教学知识则从一般教育课程中习得，而所谓的学科教学法则仅在各科教材教法与教学实习课程中教授。因此，需要将教学研究成果及时转化为教师研修课程，基于教师专业素养模型调整课程结构，提高有关教学技能和实践反思能力的课程比例，切实提升教师专业素养。在教师教育一体化背景下，要关注不同专业发展阶段教师专业素养的差异和特点，有重点地提高相应的教师专业素养。据此，本研究将基于副中心教育发展需求的高质量教师研修体系需求定位分析，丰富完善区域个性化的教师研修课程体系。

在职教师的学习作为成人学习，以实践为取向，受工作需求所驱动。这就意味着教师所参与的学习必须要和其遭遇困难的解决有关，否则他们就会丧失学习的动力，甚至抵制学习。如果在职教师教育课程实施方式以教师在教学过程中的经验作为案例分析的对象，那么，这对于教师的课程学习效果来说无疑是巨大的。同时，在职教师的学习表现出明显的自我导向性和合作性，因为自我导向性和合作性是成人学习的本质属性。忽视了教师自我导向性和合作性特点的教师研修课程实施方式对教师来说，很难产生兴趣。此外，明确教师研修课程评价对象的主体性，调整评价内容和改革多元评价方式，是未来在职教师研修课程评价改革的必然方向。因此，研修课程要尊重教师的经验，将教师已有的经验吸纳为课程资源，通过创设多样化的学习情境，以案例分析、小组研讨、实践体验等形式，促进研修者与教师、教师与教师之间的对话交流。这一方面可以帮助教师挖掘自身成功的经验，另一方面通过群体智慧共享来帮助教师建构更加丰富的实践性知识。总之，教师研修要关注一线教师的实际需求，帮助他们解决教学实践中的问题，引导教师在教学实践中研修一体，丰厚教学积淀。

学习不单是知识由外到内的传递和转移，还是一种"意义建构"的行动，是新经验与原有知识相互作用来更新知识的过程。随着人们对研训分离弊端的认识，对教研和培训相结合提出了新的诉求，希望能够通过"问题情景创设""协作对话""意义建构"等环节来同步推进教研和培训。研训一体强调了培训的研究性，强调了实践探索过程，凸显了研究成果与培训内容的相互转化和相互促进。这种模式从根本上改变了自上而下、单向传授、漠视教师原有经验的传统师训方式，广泛采用符合建构主义学习理论的"参与式""沙龙式"等多元、互动、探究的研训方式，通过有意义的学习促进教师专业发展。但是，这个过程"训"往往意味着被动，被动地完成教学研究任务是为了生计；而"修"本身意为"研习"，是基于内在需求并带有研究性质的学习。只有主动地研修，才能让教师过上有品质的专业生活。研修一体是集研究、学习、实践、反思于一体的教师专业发展方式。

高质量研修课程体系建构是"教科研训一体"实践的需要，是研修品质提升的需要，是从理念到实践对传统研修活动进行整体改造和创新设计[①]。实践中可将教学资源建设、校本研究、课堂研究等关键研修活动进行课程化的安排，设定具体的目标、内容与方式，提升高质量研修的效果。高质量教师研修的课程开发，包括研修课程的培训制度建设和培训课程的开发；高质量教师研修的课程实施，包括学科类和通识类两类研修课程内容的选择、设计与实施；高质量教师研修的课程评价，包括研修课程的评价内容、方法和标准确定。

4.城市副中心高质量教师研修的运行与保障系统

（1）建构依据。

教师研修机构作为中国的独有机构在展开过程中的命运可谓"一波三折"，随着我国基础教育课程改革的深入推进，研修机构的作用越来越得到广泛认可。区县一级的教师研修机构如何在教育深综改背景下充分发挥作用，在促进区域教育发展的同时实现自身

---

① 周洪宇.加快建设高质量教育体系[J].教育家，2021（06）：1.

的可持续发展，如何支撑高质量的研修体系，其运行与保障系统是关键。

文化能够凝聚人、唤醒人。完整的文化体系应该包括精神文化、制度文化、行为文化、环境文化等要素。精神文化方面，研修机构需要在机构发展宗旨基础上，科学确立"内涵发展、人才强院、资源统筹、开放创新"的组织发展战略，以"服务 引领 开放"为组织的行动指南，以"专业 高效 融合"为组织的目标追求，努力做到知行合一。制度文化方面，调整和完善分工和流程，特别是涉及多个部门协同完成的任务，必须明确节点、责任、流转等细节，确保没有盲点。研制激励评价制度，以引导研修员更加关注业务学习研究和提高、行政人员更加关注服务态度能力和效果。加强对项目经费的使用监管和目标考核，确保资金的合理使用和发挥效益。环境文化方面，除了环境硬件建设之外，加强宣传工作提升软环境，利用传统纸质媒体、官方网站、微博、微信、视频新闻等多种宣传渠道，及时准确地报道各项工作的进展和成果，营造担当有为、风清气正、和谐包容的文化氛围。行为文化方面，通过增进不同部门之间的沟通和交流，鼓励研修员在各自的岗位上追求卓越、实现价值、合作共享。

信息技术的深度应用，为区域研修工作方式创新提供了可能性，依托项目设计并借助信息技术能有效提升区域研修品质。在教师研修转型的背景下，区域研修机构能做些什么，是我们不断思考的问题。诸多研修机构从教师队伍的大数据诊断、教师需求的菜单化集成、研修资源的结构化分析方面展开行动。就教师队伍的大数据诊断而言，教师的专业发展因年龄、学历、性格不同而千差万别，区域教师发展的专业支持需要更加精细化、个性化和系统化。通过大数据的归并诊断，对全区域各学段不同类型的学校、教师，从年龄、工龄、学历以及相关教育教学动态发展细节的数据维度，进行分类、分层诊断，深度开展基于区域特质的研究分析，并约请第三方共同诊断解读，深度定位教师课前和课堂存在的短板、能力弱项，从而精准设计教师或学生的支持系统。就教师需求的菜单化集成而言，研修机构可以按照研修推进的时间节点和支持服务人群，设计基层学校师生需求菜单征集活动。同时，对学校教师实施分类，按照不同类型形成电子需求菜单，由学科组、教研组、学校年级组、学校管理层分维度整合需求，上报研修中心，对菜单进行集成分类，针对区域内外的专家资源，运用数据归类、资源编程，制订系列支持方案，推进菜单服务，精准服务学校师生。就研修资源的结构化分析而言，利用大数据技术，科学分析研修团队的整合能力和优势储备，梳理研修员相关特征，整合跨区域、跨学段、跨学科的资源优势，聚合力量支持师生课堂，绘制人力资源图谱，通过集智和诊断，更好地服务师生。

（2）基本设想。

首先，基于数据平台的管理评价系统建设。分院（中心）将持续基于数据平台，以学科和素质测评为抓手，以命题为主要内容，开展基于大数据的区域研修内容转型；数据时代给教师带来了新的挑战，思考研修的方式转变，可考虑通过对测评数据做系统全面的分析，并基于数据分析的结果开展有针对性的研修；针对研修缺乏协同和证据问题，以平台为载体，利用信息技术带动研修工具的转型，开展混合式理念下的区域研修工具转型，让工具助力高质量研修；分析研修资源的应用现状，教师普遍共享的研修资源是专家的培训讲稿、展示课老师的课件、优秀老师的课例等，研修资源的选择似乎相对局限，分院（中心）将以研训为行动，开展研修一体化的区域研修资源转型，提高研修资源使用的适切性和针对性。站在区域研修转型视角看，教师的年级多样、学科多样、需求多样，如果想在区域层面有整体统一性变化，需立足群体教师研修的需求，挖掘共性，寻找在线研修兴奋点。以教师需求为导向、网络化行动研究为途径，不断开拓网络化教师教研培养的新路径。

其次，基于人力资源的驱动系统建设。专业引领能力是研修员的核心竞争力，专业服务能力是行政人员的核心竞争力。通过师德表彰和教育活动，引导研修机构员工以担当有为、建功立业为荣，以消极无为、争名夺利为耻，不断提高思想道德水平。在领导班子层面，需要打造一支作风过硬、团结协作、专业有为、尽责担当的党政班子，加强学习和交流制度建设，学政策、学法规、学理论；严格干部选聘程序，严把干部选聘关口，合理构建干部队伍结构，注重后备干部梯队建设；拓宽干部培训的内容，探索干部培训的有效方式。通过不断加强新入职研修员培训、院本培训、培训者培训，关注研修员国际视野培育，提高各类人员的认识水平和学习能力。支持研修员、学科组、各类团队的课题研究、著书立说、学术进修、开办实践研讨会或者学术论坛等活动，为个人和团队的发展搭建平台。通过与大专院校、科研院所的深度合作，以任务驱动式的学习方式，提高研修员的理论水平和实践能力。

最后，基于一体融合式研修机制的组织系统建设，构建协同创新的工作机制。依据分院（中心）发展的职能定位和分工，构建各中心分别牵头、各处室协同创新的工作机制。探索跨中心、处室的项目推进协作模式，运用信息化技术优化信息沟通和深度交流。通过跨中心、处室的协同研究课题、项目、工作的推进，提高各类人员的合作能力、共情能力。巩固优化分院（中心）的业务研讨交流机制，每学年召开主题鲜明的研讨会，打破学段界限，围绕核心职能，促进中心、处室之间的切磋研讨，展现专业引领能力。

（三）实施策略

围绕研修体系建设工作的指导思想，我们从点、线、面、体四个维度加强和完善区域研修体系，开展好全域范围内的研修工作。

1. 以"点"引领常规工作

基于系统调研、大数据分析和常规职能，制定中心（分院）以及部室工作计划，通过日常课题研究、研修活动开展、研修员下水示范课展示、师资队伍建设等多种方式，促进研修转型，解决学校、教师面对的教育教学真问题。重点从打造优质的研修队伍、设计优质的研修课程、研发优质的示范模型、提供优质的研修服务、凝练优质的研修成果五方面着力。

2. 以"线"串联项目研究

通过各级各类项目研究推动研修工作向纵深发展，通过"教育部基础教育课程改革实验区、国家级信息化教学实验区、市级高中新课程新教材实施示范区、全学科阅读、命题工作坊、单元整体教学研究、精准化教学研究、教学评一体化研究、双师课堂建设、有效教学研究"等多个项目的持续推进，形成市、区、校等各维度线性传导，从不同角度引领学校教学研究，保障项目实施精准有效。创建教育基础教育课程改革创新实验区建设，从课程、教材、教学3个维度7个项目，开展基础教育课程改革与实践，利用全国示范区建设资源为平台，为实验区所用，有所侧重、点面结合地对区域教育质量提升做全面跟进指导。

3. 以"面"整合优质资源

（1）组建研修中心分中心。

主动适应副中心功能定位对教育发展的新要求，基于通州区教育发展实际，组建教师研修中心分中心，积极引导和充分发挥市区优质教育资源的辐射、引领和带动作用，扩大研修覆盖面和辐射力，缩小城乡、校际之间的教育差异，提高区域内乡镇学校教育教学水平，培养优秀干部教师队伍，提升课堂教学有效性，指导学科教研考研，促进学校教育教学内涵发展和质量提升，创建义务教育优质均衡发展新格局。

（2）集团一体化教研促发展。

助力区内优质学校集团办学、学校发展共同体、乡镇中心校及完小、一体化办学等新型教育教学发展形式，打通互助互通平台。在集团、共同体组织内部，开展学科联研、一体化教研、"双师"课堂、校本培训以及学科基地建设，进一步发挥研修作用，聚力发展，形成共同发展的教育新生态。

4. 以"体"搭建研修体系

通过立体多维构建实现研修体系转型升级。

（1）搭建研修课程体系。

日常研修活动向研修课程系列化转换。各学段学科结合系统研修、课题研究、常态教研、主讲课程等开发系列研修课程，使研修内容主题化、专题化、系列化，形成具有可持续、有序列、重实效的多维度课程体系。

（2）重构内部机制体系。

优化中心（分院）内部运行机构模式。成立八大学术学部与内部综合研究中心。打通部室、学科的边界，形成横纵打通、上下贯通的共生协作机制。成立内部综合研究中心，以项目研究为抓手，做具有研究要求的项目工作，打破部室边界，发挥人力资源的整合和开发，集中资源，聚焦解决学科教学、教育科研的关键性问题。通过学术年会、外出交流、培训学习、拜师活动等多种方式历练队伍，提升学科专业能力与素养，焕发研修活力。

（3）升级研修运行体系。

在后疫情时代，探索"双师课堂""研修平台""教育云平台"等线上线下混合式研修，丰富教育数字化资源供给，拓宽研修模式新形态。混合式培训的一大优势特征是通过线上、线下相结合的方式，满足学员多样化的学习需求，增加选择性和覆盖面。通过直播、交流、互动、反馈等方式完成课程学习，通过学员的行为数据进行学习分析。因为中小学学校多、区域范围广，还有疫情，我们采取线上约课、议课的教研方式，目前这种方式正在广泛应用。

推出市区联合、部室集体、学科组视导与个人视导相结合的四维视导模式，分层、分类、分科，全面服务、精准教研。通过区、片、校实现三级联动，形成合力，助力基层学校教师专业发展。从组织形式上讲：形成区、片、校三级教研联动；区域教研：重在把握方向和理念、调研需求、规划研修课程、组织实施、跟进评价等；共同体教研：聚焦共同的困惑，发挥不同学校优势，在教学实践改进中解决问题；校本教研：教研员指导各校教师解决本校教学难点。

为此，我们首先需要提高政治站位，加强党对教育科学研究的全面领导，提高政治站位，充分发挥党建引领作用，明确研修工作职责，发挥主体作用，积极协同行政、学校落实课程改革。其次，加强资源共建支持。根据研修体系建设工作方案，制订学年度工作计划，充分利用教育部课程改革实验区、市级教研部门、科研院所等教育资源，共同建设副中心研修支持学校内涵发展良好机制。再次，完善信息技术支撑。借助信息技术融合教与学方式变革的国家级实验区项目研究，依托现有网络设备、技术，利用通州区教育云服务平台，构建基于网络支撑研修运行体系。最后，加强专项经费保障。区教委安排专项资金提供经费保障，实现混合式研修、教师专业培养实训空间等研修新举措。

第五章 发展展望：面向未来的区域研修

一、强化区域研修的研究属性

（一）突出全面育人研究

为推动研修工作更好地为提高教育质量、守护教育质量服务，由基于经验指导教学工作到基于研究指导教学工作是必由之路，新时代研修工作要强化全面育人和育人关键环节的研究工作。研修工作要按照中央《关于深化教育教学改革全面提高义务教育质量的实施意见》《关于新时代推进普通高中育人方式改革的指导意见》等文件精神对基础教育落实五育并举，深化教育教学改革的要求作出的整体规划。落实关于美育、体育和劳动教育的系列文件精神要求，强化德智体美劳全面育人的内容、方法、策略和机制研究，形成全过程、全方位的育人系统。充分挖掘并全面落实各学科课程的育人功能，指导学校将德智体美劳全面培养的要求有机融入课程建设、教学改革、作业布置、考试评价等教育教学全过程，构建德智体美劳全面培养的教育体系，健全立德树人落实机制[①]。

（二）加强育人关键环节研究

加强课程建设研究。研修工作要将精干队伍、主要精力和时间用于研究指导一线教学、准确把握国家课程方案，并在学校课程实施规划中做好转化落地工作，研究指导教师准确理解国家课程标准，基于课程标准开展教学。在此基础上确保地方课程和校本课程的正确育人方向，加强课程的品质建设，走出过于追求数量的误区。推动区域课程实施水平的整体提升，积极配合教育行政部门找准课程改革的关键领域和难点热点问题，形成有较强指导性、可操作性的实施策略和行动方略。深化教学改革研究。教学改革始终是课程改革中的难点问题，也是课改深化的着力点。首先，要在教学中把培养学生的核心素养作为目标，指向学生价值观、必备品格和关键能力的培养。其次，研究形成培养核心素养的方法策略，落实落细课程改革的实践路径[②]。在加强方法策略理论研究的基础上，还要注重开发相应的实践案例，切实推动核心素养在教学实践中的转化落地。加强作业设计研究。作业设计与实施是落实新课程理念的重要操作路径，既是课堂教学的延伸发展，又是教学评价的重要环节。研修员应系统研究课时作业、单元作业等与学生学习质量的

① 何成刚.坚持、完善和发展中国特色基础教育教研制度——《关于加强和改进新时代基础教育教研工作的意见》解读[J].基础教育课程，2020（01）：21.

② 田慧生.新时代创新人才培养模式应高度关注的几个问题[J].中国教育学刊，2019（01）：43.

内在联系，适当增加跨学科作业、探索性作业，不断提高作业质量[①]。当前，应特别关注常态化作业的品质提升，发挥其内化巩固、诊断、应用、铺垫功能。深化考试评价改革研究。2020 年 10 月，中共中央、国务院印发的《深化新时代教育评价改革总体方案》旗帜鲜明地提出了 22 项改革任务。对此，中心（分院）要提升在考试评价方面的专业水平。对教学评价标准、工具、反馈等方面进行系统研究，引导学校和教师注重对教学全过程的评价，逐步建立基于数据分析的循证指导，促进基于课程标准的考试评价体系形成。

（三）构建理论自觉的研修文化

构建理论自觉的研修文化是当代教育的潮流和方向，是教师专业化发展的土壤和基石。构建理论自觉的研修文化，首先要培养教师的理论思维。这就需要学校创造能更好地支持教师开展理性论证、反思批判、提炼升华、系统建构的理论思维环境。基础教育中教师的培养机制长期以来只关注具体的教学方法和经验，忽略了理论对于教师成长的作用。这种认知严重阻碍了学校教育教学改革氛围，影响教师对教育问题的探索和教育规律的把握。而理论自觉能帮助教师个体保持高品质的反思，参与到学校的研修中，进行深度学习和交流。理论自觉促使教师塑造新的价值观，让教师从原有的价值观中摆脱出来，接受先进价值观，并变成指导自己行为的准则。从研修工作的目的出发，拥有先进价值观的教师对校风、学风

---

① 刘月霞. 质量大计，教研为先 [J]. 人民教育，2019（21）：13.

和师风进行研究和反思，结合学校的个性与理念、学校的地理环境和人文环境等，使学校形成与众不同的文化。每个学校都是独一无二的、具体的和不可替代的，这意味着其他学校的经验并不能盲目地完全移植过来。以校为本，构建校本理论自觉的特色研修文化，让研修活动回归学校，促进学校的自我发展，帮助教师具备研究的能力，从寻求问题解决入手，探寻问题的真伪和属性，探究问题产生的根源及其相互关系，在此基础上确定具体的实施策略，依托本校发现、分析和解决学校的教学问题。

二、推进区域研修的机制创新

（一）注重差异化指导

研修可以根据不同地域、不同学科、不同专业发展阶段教师的差异化问题，因地制宜采用课例研究、主题教研、项目教研等多种教研范式，以及教学展示、现场指导、项目研究等多种教研方式，针对不同教师群体面临的不同实际问题，开展分层次、多类型、立体式的差异化教研指导，提升教研指导的针对性。

研修要在农村地区、民族地区和边远地区学校的教育教学工作指导上投入更多的时间、精力和人力，帮助这些地区的学校教师提高教学能力，让这些地区的孩子接受更高质量的教育，提升教育公平和社会公平。

研修应通过经常开展学校调研，了解学校课程教学改革情况，及时指导、化解学校办学中遇到的问题。和薄弱学校建立联系点制度，对薄弱学校办学给予更多关心和扶持。教研员要深入教学一线，每学期要到不同教师的课堂听课、磨课，在对话交流中解决一线教学存在的真实问题。

（二）注重发挥信息技术的作用

信息技术对教育发展具有革命性影响，教育信息化是不可阻挡的趋势和潮流，教育现代化又走向了一个新阶段。"互联网＋"对教育领域影响深刻，不仅影响着教育与社会的关系、教的方式、学的方式，还影响着教育评价方式、教育信息管理和决策模式等。中心（分院）一是应充分发挥现代技术作用，实现研修全覆盖。正常、正确、有效发挥"空中课堂"的优势，让优质资源向边远、薄弱地区辐射，各学段、各学科组织"空中课堂"教学示范。二是正确引导联片教研的发展方向，准确体现实施联片教研的初衷，让薄弱学校、边远学校教师有更多参加教研活动的机会，帮助他们实现自我提升的愿望。三是积极利用微信公众号和云教研平台，拓宽教研活动的时间与空间，实现教研全覆盖。

依托"互联网＋"，实现教学资源共享。首先，研修要充分发挥"互联网＋"在教研领域的应用优势，以信息化促进教研方式的转型；其次，做好学科微信公众平台建设，通过课题组活动和教学资源征集活动，多渠道研发各学科课程资源，指向教师课程研发力的提升；再次，要培养教师的数据意识，以数据为驱动展开教研和教学；最后，借助微信公众号、网络教育平台等，以学校教研组为依托，在实践中指导教师运用各种教学资源，并进行宣传推广，实现优质教学教研资源的共享和辐射。

（三）注重实证教研

传统研修主要凭经验进行，无论是备课指导还是听课评课，主观色彩较重，科学性不强。而通过数据分析和事实提炼，形成科学、理性的判断及研究成果，进而指导一线学校，会更有说服力和实效性。因此，研修机构要充分重视和研究信息化、智能化、数据化条件下的研修模式变革，要把基于数据与事实的实证性研修作为下一阶段研修工作转型的攻克点，实现从点上的突破到面上的突破，开展视频图像分析以及课堂话语分析[①]，不断提升研修工作的科学化和专业化。

三、加强区域研修队伍的建设

基础教育是现代国民教育体系的基石，教研部门发挥着巨大的不可替代的作用。《关于加强和改进新时代基础教育教研工作的意见》中也提到"教研工作是保障基础教育质量的重要支撑"。研修员作为基础教育发展的中坚力量，肩负着引领区域教育发展的重要使命。

常言道，百川汇海可撼天，众志成城比金坚。教师团队是一所

---

① 刘良华，谢雅婷. 校本教研在中国的演进 [J]. 全球教育展望，2021，50（11）：3.

学校的命脉所在。一所学校能否发挥文化之力，锻造自己的教师团队，是学校能否实现自身的优质发展、达成办学目标的决定性因素。教研组是一个学习共同体，如何组建自己的团队文化，如何发挥团队的优势，是教研工作发挥实效的关键所在。作为教育工作者，通过多年的管理经验，我们深知团队建设的重要，更知道团队建设的不易。在这个涉及多方因素的、庞大而复杂的系统中，管理者对于如何定位心中的理想团队，以及如何建设这样一个团队，必须有自己独立的思考和清晰的思路，并将之作为一种常态化的研究工作，持续深化改革。只有这样，才能让自己的团队建设逐渐起色，日积月累，成就不凡。

那什么样的教师团队才是好的教师团队？这是一个仁者见仁、智者见智的问题，它的标准并不唯一。在我们看来，一个好的教研团队在具体活动中应体现为：一是教师能够主动融入团队，在活动中实现团队与个人的联动发展，不仅自身能力在团队的影响下得到了专业提升，还能因个人的成长带动团队的优质发展。二是以教研为手段，以研促教，教研相长，教师发挥自我学习能力，由知识的传授者变为学生学习的引导者和发展的促进者；由课程的执行者变为课程的建设者和开发者；由"教书匠"变为教育教学的研究者和反思的实践者，从而促进学校教育教学的提升，带动学校整体发展。只有在这样一个团队当中，教师才能有所凭借，不断自我修炼，实现自我变革，取得自我提升与进步，同时在新课改的洪流中乘势而进，成就更多精彩的生命。

（一）发挥教研组长领导力

教研组长是学校进行学科教学研究和教学改革的组织者和带头人，根据教务处的安排负责、组织和实施本学科教研、教改等活动。教研组长是教研组的灵魂与核心，直接影响着该教研组的活动质量。我们认为教研组长除了要有过硬的教学水平外，更需要有较好的管理能力。

自我定位，发挥组长带领作用。教而不研则浅，研而不教则空。教研组长给自己的定位要高，除了日常教学以外，教研组长要善于钻研与总结，应用教学规律和方法进一步指导教学。同时在新课标落实、课改、教学成绩上及学校重点工作上都应起到引领、指导、带头的作用。

加强管理，促进活动有效落实。教研组长应主动承担自我责任与义务，带领全组老师加强教学各个环节的管理与落实，在备课、上课、作业反馈、辅导、考查等具体环节上真正落实到位。在备课方面，应充分发挥集体备、观、议课在教师队伍建设中的重要作用，备课组每次集体进行教研活动，定时间、定主题、定中心发言人，研讨教学中的教学目标确立、关键问题的设置、课堂学习中重难点的处理、练习题与检测题目的设置等，真正做到新老教师在研讨中共同成长。在反馈环节抓检测、作业、学生练习、回答等，其中检测是最真实的，坚持课堂测、每周测，测完之后再针对性进行辅导，这样意义更大。在课堂质量方面，要清楚一节课学生掌握什么，要给学生落实到笔头上、黑板上、脑子里，使学生真正做到学有所获。

（二）提升研修活动质量

教研活动是教学活动中不可或缺的，教师只有通过参加各种类型的教研，像蜜蜂采蜜一样，采得百花方可酿成蜜，否则就会故步自封。那如何使教研活动丰富而有营养呢，在设计教研活动时我们应注意：

教研活动要有计划性。大多数的教研组工作基本上就是学校布置的大型教学活动，缺乏自主计划开展工作的意识和思想，很少想通过这些活动达到什么目的。所以在进行教研活动的安排上要有计划，设计什么活动、想达到什么目的、什么时间落实等。

教研活动要有目的性。教研工作、备课组活动应该是以关注"人"的发展为出发点和归宿。在"成事"中"成人"，组长对教研组的整体状况及教师的具体情况有较清晰的认识，具有整体结构性计划组内活动和专题教研，有目的性地通过教研活动使优秀教师发挥辐射作用，使年轻教师迅速成长。在具体活动中应对不同层次教师给予关注，"用其长、避其短、立其志、开其潜、知其思、促其成"。对好的经验方法进行提炼，帮助其他教师实现加速发展。要加强教师群体之间的积极互动，强化资源共享，加强听课、研讨。加强教学专题研究的有效意识。增强备课组活动小范围的教研效果，努力出整体成绩等。

教研活动要有创造性。教研组的活动不能仅仅局限于教学研究和集体备课，应该在抓好教学研究的基础上，不断创新活动的形式，丰富活动的内容。同时注重对教师教学观念的更新，培养教师成长为研究型教师、专家型教师。不仅能够完成日常的教育教学常规工作，还能自主找寻学习研究、交流探讨的机会，在日积月累的努力中提高自身的教育理解与水平，厚积薄发、释放能量。

（三）增强教育研究能力

聚焦研修员的教育研究，促使研修实践转变为研修课程，对于提升研修品质、形成品牌研修课程、固化研究成果具有重要意义。首先，加强教研力度，有助于提升区域研修品质。研修员从实践中发现问题，采取科学的研究方法与程序开展研究并提炼成果，最终研究成果又反哺教育实践。通过以上"发现问题—开展研究—形成成果—解决问题"的完整流程，促使研修模式由经验型向研究型转变，客观上提升了区域研修的整体水平。其次，深化培训体系，有助于形成品牌研修课程。聚焦研修员课程开发，以教育研究思维系统设计开发研修员日常教研主讲培训课程，包括必修课程、选修课程。形成每个学段、每个学科、每位研修员的研修课程体系，实现一学科一菜单。最后，应用科研思维，有助于固化教育研究成果。积极落实教育部《关于加强新时代教育科学研究工作的意见》，发挥教育科学研究对教育改革发展的支撑、驱动和引领作用，聚焦教育政策和教育理论的前沿热点问题，对教育实践中的关键问题、关键领域进行研究，探寻政策理论落地实践的方法路径，寻找符合认知科学、学习科学的教学方法，提炼研究成果。

一是要关注教育研究新内容。教育研究以教育领域中发生的现象为对象，新时代研修员教育研究的内容应关注以下几大转变：第一，从研究"教材教法"转向研究"课程育人"；第二，从研究"学科知识"转向研究"学科素养"；第三，从研究"教的方式"转向研究"学的方式"；第四，从研究"经验教学"转向研究"实证教学"；第五，从研究"教研主讲"转向研究"研修课程"；第六，从研究"专家指导"转向研究"众筹研修"；第七，从研究"集中培训"转向研究"个性化培训"；第八，从研究"考试命题"转向研究"教育评价"；第九，从研究"散点问题"转向研究"科研课题"；第十，从研究"学科成果"转向研究"学科成就"。在这个研究过程中，研修员要带着比较思想，带着政策导向，带着问题意识，不断解答五个关系，即教研工作与研究课题的关系，教研与科研的关系，课题研究与研修员成长的关系，研究个案与普遍规律的关系，最终回答研修员研究"是什么、为什么、怎么做、怎么样"的本质属性。

二是要创新教育研究新机制。为了调动中心（分院）各领域研修员参与跨学科、跨学段的教育研究实践，2020 年 9 月，中心（分院）由教科研部担任秘书组，组建了语文、数学、英语、思政、自然与科学、人文与社会、体育与艺术、技术与综合八大学术学部，实现研修赋能。纵向打通学前、小学、初中、高中学段，进行贯通培养的研究；横向联合科学、理化生等自然与科学主题，道法、史地政等人文与社会主题，音体美等体育与艺术主题，信息技术、通用技术、综合实践等综合主题，进行大概念、大主题的研究。学部创立经历了制订章程、招聘部长、征集成员三个阶段。各大学部成立后，积极开展了学部交流研讨活动，目前，语文学部以"基于立德树人目标下小初高语文一体化课程建构与实施"为主题统领学部活动，发挥小学、初中、高中语文研修员背景优势，探讨有意义和有价值的教学活动。自然与科学学部聚焦以"指向学生创新能力培养的实验操作考核的探索"为主题，关联小学科学、初高中理化生实验教学，转变学生学习方式，培养学生的科学素养。此外，成立学术研究中心，建设教育研究平台。教育教学中的关键要素：学生、教师、课程、学科和评价都是研修员教育研究的出发点，为了研修员能够深度、持续、系列的研究。中心（分院）拟计划成立质量评价中心、项目管理中心、课程指导中心、教师发展中心、学生发展指导中心、创新人才培养中心等。研修员可以根据自身研究特长加入中心，为中心（分院）建设贡献实践智慧，同时研修员也能借助学术研究中心资源平台，体现自身的职业价值。

三是要开拓教育研究新路径。首先，研究培训，教育科研全员化。规划"十四五"，科研育人。以科研思维方式的教育科研培训将成为研修员培训一大重点内容。具体从三个方面入手。第一，确定自己的研究选题。如新课程教材的研究、以学生为本的课堂教学研究、学生综合素质评价的研究等。第二，根据确定的选题做深入研究。研究以往的相关课题，找共性；研究近年相关课题，找趋势；研究不同领域类似课题，找规律；研究相同领域不同课题，找变化。第三，认真思考研究选题的定位与意义。不同的政策导向，不同的实践问题，不同的研究逻辑，相同的是认同、实践、反思、提炼、固化，形成教育研究的模式和体系。

其次，研究课堂，下水研修示范化。在深化教育教学改革的关键时期，研修员肩负引领教学实践的重任，搭建从教学原理通向实践经验的桥梁。下水研修鼓励研修员深入课堂，研究课堂，示范教学。聚焦学科关键重点、难点问题，形成研究主题；设计与实施示范课，落实研究目标；通过主讲与学科教师分享研究与实践思路，指导教师优化改进教学。下水研修自实施以来，累计75人次研修员报名参加活动，其中高中语文徐楠楠老师做系列下水课，为区内资优学生设计系列课程，围绕"落实学科核心素养""数据改进教学实践"等主题，采用文献综述、行动研究、问卷调查等研究方法，进行科学规划、有序实施，受到学校和教师的高度认可。

再次，研究教学、教研问题课题化。研修员在一线教学实践的某一具体学科或主题积累了大量的实践素材与问题，并且将共性的、有价值的问题进行立项课题研究，借鉴相关理论，应用具体方法，不仅能有利于实践问题的解决，也对专业素养的提升有很大帮助。近几年，中心（分院）研修员积极开展课题研究。研究内容主要涉及三个方面，一是关注学科核心素养的研究，如"基于核心素养的高中地理问题式教学实践研究""中华经典诵读培养中小学生语文核心素养的实践研究"。二是教与学资源的研究，如"基于数学认知结构的初中微课设计的研究""网络学习背景下初中生物学习资源的筛选与应用的研究"。三是组织机构建设的研究，如"区县学习型教研组建设研究""校本培训区域助推模式的行动研究"等。

复次，研究项目，实施过程科研化。2020年，通州区申报获批了两项重大项目：北京市普通高中新课程新教材实施通州示范区和教育部基于教学改革、融合信息技术的新型教与学模式实验区。两个项目涉及课程与教学这两个教育中的核心内容，具有重要的研究与实践价值。为了使项目能真正落到教学实处，项目组精心设计了实施方案，后期，项目组将针对学校重点关注问题，以立项课题申报作为切入点，组织研修员、学校、教师申报专项课题，深入研究新课程新教材在育人过程中的应用路径与方法、信息技术支持的新型教与学模式等。

最后，研究理念，教研实践成果化。教育成果是经过实践检验的，具有科学性、创新性和实效性的教育教学问题解决方案。研修员在教研、科研和培训中，进行教育理念研究一般经过准确定位、理清思路、实践检验、成果总结四个基本环节。成果梳理需要遵循三个基本准则：积累与实践探索相结合、事实与理论相结合、过程与结果相结合；经历三个过程：积累案例、构建模型、提炼核心概念或理念。最终，做好教育研究成果的梳理，让教育理念清晰起来，让教育思想掷地有声。

为了研修员教育研究的持续推进，中心（分院）制定了一系列的激励评价机制。一是制定公开、透明的教育研究评价机制，规范研修员开展教育研究学术活动。二是设置学术研究论文评奖评优机制，鼓励研修员提炼教育研究成果。三是定期召开学术年会，与专家面对面进行交流、研讨。

（四）营造研修文化氛围

"蓬生麻中，不扶自直。白沙在涅，与之俱黑。"荀子的这句话深刻地道出了环境氛围之于人的巨大影响力。因此，对于教研氛围的营造我们要给予高度关注。要积极培育教研组学术氛围，引导教师重研究、愿合作，学会沉下心来思考教学。每一位教师都富有强烈的事业心和责任感，通过各种形式积极引导并带领各教研组、备课组形成严谨治学、讲师德、图进取、民主、竞争、团结、高效的教研风尚。

四、促进区域教师持续专业发展

历史上人们为在职教师研修确定的两大基本理念：一是将职前、入职与职后教育融为一体，让教师自愿参与持续性教师专业发展活动；二是按照学校发展需要原则来为教师设计培训目标，以此不断提高学校的办学效率。显然，前一原则的立足点是教师自身发展需要，这一目标源自对教师现存发展水平的尊重与关注，期待将教师专业发展实践持续终身；后一原则的立足点是学校自身改进的需要，它假定教师在专业发展上是"空白"或"无要求"的，教师研修的实质是在学校发展目标指导下对教师的专业态度、知识与经验进行另一种形式的补偿教育。

国际上部分国家和地区在持续发展理念指导下，教师能够受到系统的个性化培育，得到全面、深入的专业发展，而在补偿性的主导下，教师培训可能会走向零散、琐碎的学科知识与技能教育，甚至可能陷入"凭证主义"泥潭，停留在满足教师一般性专业发展需要的水平上。对教师专业发展活动进行职前、入职与职后的一体化设计，在教师职前发展基础上为教师设计出个性化、系统性的持续专业发展方案，成为未来教师教育的重要方向之一。为了实现这一目标，欧美等国家和地区也开展了诸多尝试。

对我国而言，我们期待能将职前、入职与职后教育融为一体，让教师自愿参与持续性教师专业发展活动，但在实践中融合或一体化的经验不多，或者效果不佳，这方面的努力亟待探索。目前校本研修在我国大行其道，许多研修机构会按照学校发展需要原则来为教师设计培训目标，但也存在忽视学校主体需要的情况，使得很难"校本"。未来，校本研修如何更多地促进教师持续专业发展，也亟待探索。

（一）转向教师学习

这一转向彰显着当代教师改革的基本立场，强调并落实教师的专业自主权与专业发展责任，增加教师参训的时间与机会。随之，教师学习成为教师培训的基本依托与一般形式，无论在特征上还是在组织形式上，教师学习对当代各国教师质量提升而言都有非凡意义。

从特征上看，教师学习具有五个明显特点，即聚焦内容、主动学习、主题一致、持续进行、集体参与。其中，内容与主题是将所有参训教师凝聚一体的物质链接，主动学习为教师培训提供了必要的精神动力支持，而集体参与则是实现教师学习活动的基本机制，持续进行是确保教师培训活动效能累积的时间条件。要构建最有力的教师学习活动，研修机构或研修员应该从以下方面考虑：在集体参与的基础上积极促进有效的群内沟通活动；搭建好教师网络与学习小组；创建持续、集中、长期的教师研修项目；把教师专业发展活动整合进学校教师专业项目中，将之与学校的课程、评价、质量标准关联起来；基于合作学习、主动学习与反思性学习展开；聚焦在具体的教育教学知识点上；关注学生学习内容与考试成绩；等等。这些可操作性要求使教师学习的理念落地有声。[1] 然而，目前有关教师学习的研究特别是实证研究还很不够，基本停留在理念倡导阶段，缺乏具体的操作经验或实践模式。因此，有关教师学习特别是中国情境下的教师学习研究亟待加强。

从组织上看，教师学习共同体是教师学习的有效组织形式。随着教师教育核心理念——参与、互动、自主等的确立，欧盟将教师培训改革重点锁定在培训组织上，大力推进教师专业学习共同体建设便是其近年来教师培训改革的主题。欧盟认为：一方面，学习嵌在社会背景与经验中并通过反思性、互动性交流得以发展；另一方面，只有参与教师学习共同体才可能真正引导教师开展教学变革，实现提升学生学习质量的目标。据此，建立以"强调学生学习、共享价值、集体负责、注重反思、关注合作、重视探究"为主要特点的教师专业学习共同体，大力推进教师学习方式的变革，成

---

① 龙宝新.当代国际教师教育研究 [M].北京：科学出版社，2016：215.

为欧美造就大量优秀教师的坚实依托。教师学习共同体的核心要素有两个：一是合作的氛围，二是评价反思机制，二者在相互催生中推动着教师专业的持续发展。在教师学习共同体中，教师培训活动的主要形态是教师学习或教师专业学习活动，它是以教师的自主、自觉、自省为基础的教师专业发展实践。就其实质而言，基于专业学习共同体的教师学习活动是合作式教师专业发展（Collaborative PD）的一种表现形式。国外学者研究发现，这是一种比教师个体专业发展更有效的发展途径，代表着未来世界教师培训变革的主流方向。为了实现这一培训形态，教师培训模式改革应该从以下七方面着手：压缩学校规模与公共培训时间；降低员工组织的复杂性；赋予教师以决定权；提倡支持型领导；多途径理解抽象专业知识；集体决定教学质量标准并引导教师调整教学行为；建立支持探险与创新的文化氛围等。近些年来，我国基于对西方教师学习共同体的认识和了解，已在逐步反思和研究我国本土的学习共同体，但目前尚处于对西方概念的借用和消化阶段，没有形成中国本土的概念，对我国教师合作学习的研究也处于模糊、朦胧阶段，无论是理论基础还是概念体系都亟待加强。

（二）完善组织支持

鼓励教师个人专业发展是教师教育的立基点，完善组织结构是教师教育的坚强依托；在教师个人发展的基础上构建多样化的研修组织，实现教师个人与研修组织间的良性互促，是欧美教师研修模式变革的重要思路。2010 年，OECD 在其专题报告中指出：当下教师培训形式最有效的首推"个人与协作研究"，约有90%的教师认同；其次是参加教育培训会议、研讨活动与走访参观，约有75%的教师认为有一定培训效果。这一数据充分表明：基于个人与组织的培训方式是教师教育的有效形式。

在我国，研修机构如何实施有效的教师教育，是大家研究和关注的重点。许多西方的探索实践证明，有效教师教育的四个基本原则是问题导向、参与者中心、跨学科贯通、"理论—实践"关联。其显著特点如下：以中小学教师的主体参与为基础，借助教育教学问题的发现、探讨与解决，努力将所有研修内容在研修课程系统与教育教学实践中关联起来，积极创建一种问题贯通式教师研修形态，借此把研修活动与先进理念融入中小学教师的教学实践机体中，真正提高教师应对复杂教育环境的能力，助推教师专业的有效、快速、健康发展。在美国，著名教师教育专家Darling-Hammond 主笔的报告《学习型专业中专业学习：美国及国外教师专业发展现状报告》（*Professional Learning in the Learning Profession：A Status Report on Teacher Development in the United States and Abroad*）中直接言明了有效教师专业发展的四个特点：具有精细性、持续性并与实践相联系；关注学生学习及具体所教内容；与学校优先发展目标相一致；与同事建立密切关系，以成功解决实践难题等。在这些特点中，能否促进教师面临实践问题的解决是所有教师研修与发展活动的最终目标，是衡量教师研修品质的关键指标。总之，相对于教育知识理论而言，教师离真实教育问题的距离更近一些，他们更愿意在解决问题中以解决问题的形式来顺便学习先进的"活知识""活理念"。

研修组织变革的坚实根基是教师的个人专业发展，科学的教师研修组织变革一定是基于教师个体专业发展，并服务于教师个体专业发展的。学者 Zeichner 和 Tabachnick 指出，在背后支持当代教师研修活动的四个重要培训观念如下：行为主义（behaviouristic），它旨在提高教师表现与技能的效率；手艺主义（craft），它将教师培训理解为以能力教授为核心的学徒制；个人主义（personalistic），它关注教师自我的专业发展；探究主义（inquiry），它旨在培养教师的反省式研究能力，发展教师的评判性实践。其实，在教师研修活动中，教师个体的专业发展一般是基于这四种专业发展方式的。在教师教育中，要综合利用这四种方式，满足教师专业发展需要，研修机构应该采取以下研修变革行动：一是改变课程结构，主要手段是调整课程种类保持或增加课程，引入广域课程等；二是在不同阶段采取不同的指导方式，如在教师刚入职的生存阶段，研修者应该给予其直接指导；在教师发展中的专业调适阶段，可以采取合作指导方式；在教师成熟阶段培训者应该强调教师工作的独立自主性，给予其独立创新的机会与空间。[①] 目前，我国很多研修机构对促进教师专业发展的研究仅停留在经验总结阶段，缺乏相关的实证研究，也缺乏相关理论基础的支撑。教师研修的理论性及学术表达亟待加强。

---

① 龙宝新.当代国际教师教育研究 [M].北京：科学出版社，2016：215-225.

（三）激发自我效能

20 世纪，世界各国教师研修强调研修的综合性与补偿性，把大量专业性教育内容纳入教师研修活动之中，尤为关注个别教师的知识结构缺陷问题，专业知识补偿成为教师研修的主体内容。到 20 世纪末期，教师研修的重点发生转向，教师专业自主（Professional Autonomy）成为教师研修的新焦点，新设计的教师研修项目中赋予受训教师以更多的个性化、自主化选择的机会。正如 Hargreaves 如所言，一个职后研修的好项目应该具有如下特征：鼓励教师去创新专业知识，为教师提供积极参与革新的机会，教给教师验证改革效能的技能，建立把验证过的好做法在校内外付诸实施的机制等。这些特征的共同特点是尊重、赋予、发展教师的专业自主性。然而，在实践中真正的教师专业自主难以实现。随之国外教师研修中引入了两个有利于增强教师专业自主性的重要手段：一是"喷泉式研修模式"（Cascade Mode）[①]，二是培养具有自我效能感（Sef-efficacy）的教师。OECD2009 年调查发现：教师研修活动只有与教师自我效能感培养结合起来才是持续有效的，自我效能感才是激发教师参训、实现专业持续发展的精神动因。总之，教师专业自主与有效研修活动支持构成了当代教师研修模式变革的内外两个层面。

[①] 所谓"喷泉式研修模式"，就是精选一批经验丰富的中小学教师，对之进行教育教学理念方法方面的精心研修，然后派遣他们到基层学校去传播最新教学理念，指导教师课堂教学，以期短期改变学校的教育文化，增强教师自身参与教育改革的主动性。在德国、法国，这种教师研修理念一度流行。在这种教师研修中研修员就好似喷泉的中心，他们能够把最新的教育教学理念辐射到各地学校教学实践与教师社群中去，把教学改革的"种子"植入周边中小学中去。

教师教育如何提升教师的自我效能感？在研修策略上，要以能力为本位，让教师成为自身职业实践的活动主体，并在机构交往中获取特定的话语权。研修机构应树立"教师本位"的教师专业发展观，调动教师积极性，将教师的工具价值与教师的本体价值相结合。在研修方式上，应关照"主体精神"与"个体生活实践"，把了解、研究、体验教师及其工作作为自己研修工作的重要方面，经常下到基层学校去听课、评课，了解教育教学的具体工作，参与或支持基层学校的教改教研和课题研究工作。在教师专业成长上，要关切教师的自主发展。在强势框架下的科层体制中，教师变成了"沉默"的群落，他们很难找到自己的个人位置和自主话语，更谈不上对个体发展有自觉清醒的建构意识。近些年来，学者们提出了绕反思型实践、行动研究、参与式研究等研究课题，教师自主得到广泛重视。人们也逐渐认识到教师发展不可能通过机制教育来取得，而只能通过深刻理解教师探索过程的"生活世界"（Life World）来实现。因此，教师教育研究要关注教师的"生活体验"，开展"生活体验研究"，在教师的日常实践中发现、总结、提升并推广教师个人独特的、身体化的、很多时候是无法言说的"缄默知识"和"个人理论"。只有教师自身已有的"理论"和"知识"被发掘出来，教师在接受外来理论时才能找到结合点，才会进一步去思考是否要改变自己已有的行为规范、价值观和情感感受以及其他影响教师专业发展的外在因素。[1]

---

[1] 李进.教师教育概论[M].北京：北京大学出版社，2008：538-540.

附录　北京城市副中心高质量教师研修体系需求调查

尊敬的老师：

您好！为了解城市副中心高质量教育发展需求，助力高质量教师研修体系建设，提升教师育人能力与专业素养，诚邀您参与本次调查。问卷不记名，您提供的信息将保密，请根据实际情况真实作答。感谢您对研修中心工作的支持！

北京市通州区教师研修中心课题组

2022 年 11 月

第一部分：城市副中心教师的群体特征

1. 您的性别

A. 男

B. 女

2. 您的年龄

A.28 岁及以下

B.29—35 岁

C.36—40 岁

D.41—45 岁

E.46—50 岁

F.51 岁及以上

3. 您的民族

A. 汉族

B. 少数民族，请填写＿＿＿＿＿＿＿＿＿＿＿＿＿＿＿＿＿

4. 您的行政职务

A. 校领导

B. 部门中层

C. 年级组长

D. 教研组长

E. 普通教师

5. 您的最高学历

A. 专科及以下

B. 大学本科

C. 硕士

D. 博士

6. 您的职称

A. 未定级

B. 初级

C. 中级

D. 副高级

E. 正高级

7. 您从事学校一线教学工作年限

＿＿＿＿＿＿年

8. 您担任班主任的工作年限

＿＿＿＿＿＿年

9. 您现在是否担任班主任

A. 是

B. 否

10. 您所教学的年级

＿＿＿＿＿＿年级

11. 您目前主要教授的学科

＿＿＿＿＿＿＿＿

12. 近 5 年您主持的区级及以上规划课题数量（　　）个（没有填 "0"）

13. 您主持过的最高级别课题

A. 国家级

B. 北京市级

C. 区级

D. 校级

E. 未主持过

14. 近 5 年您以第一作者公开发表的文章数量（　　）篇（没有

填"0"）

15. 您现在每周上课的节数为（　　）

16. 您通常全天在校工作时间大约为（　　）小时

17. 未来一段时间，您是否有流动到其他学校的想法

第二部分：城市副中心教师的专业发展需求

18. 您是否获得过以下荣誉称号

A. 国家级荣誉称号

B. 市级荣誉称号（特级教师、市级学科带头人等）

C. 区级荣誉称号（区级学科带头人、学科骨干等）

D. 校级荣誉称号（区级学科带头人、学科骨干等）

E. 未获得以上荣誉

19. 当前您开展课题研究的作用主要体现在（多选）

A. 解决课程改革中教师、学校遇到普遍性的问题

B. 获得教育教学方面规律性的知识

C. 引导教师学会用教育科学研究方法去研究教学

D. 为教育部门制定政策提供依据

E. 没有太大的作用，只是按上级要求行事

20. 为实现副中心教育高质量发展，您最需要的专业发展支持是（多选）

A. 学科前沿理论的引领

B. 课题研究方法的支持

C. 独特教学理念的提炼

D. 优秀学科团队的合作

E. 经费时间资源的保障

F. 自主教研制度的氛围

G. 荣誉职称评定的支持

H. 其他支持，请注明

21. 为适应副中心未来教育需求，您认为自身需从哪方面提升能力（多选）

A. 听课、评课、教法指导能力

B. 研究成果提炼与论文发表

C. 开展课题研究及成果转化

D. 课堂教学模式研究与指导

E. 课程（教材）研究与指导

F. 命题研究（教学质量评估监测）

G. 引领校本教研及教师团队建设

H. 学科专业知识及前沿理论

第三部分：参与通州区教师研修活动的感受评价

说明：本部分是想了解近年来，您参与或从事各种专业发展活动的情形及未来的需求。请在适当的选项上打"√"，或在相应的横线上填写。

22. 自 2019 年以来，您参加过哪些形式的教师研修（可多选）

A. 教育硕士

B. 新课改培训

C. 教研活动

D. 继教学分培训

E. 骨干教师培训

F. 其他（请说明）

23. 上述教师研修形式中，您最希望参加的是（可多选）

A. 教育硕士

B. 新课改培训

C. 教研活动

D. 继教学分培训

E. 骨干教师培训

F. 其他（请说明）

24. 上述教师研修形式中，您最满意的是（可多选）

A. 教育硕士

B. 新课改培训

C. 教研活动

D. 继教学分培训

E. 骨干教师培训

F. 其他（请说明）

25. 您目前及将来最需要进修的内容有（可多选）

A. 教育教学新理念

B. 学科新知识

C. 通识知识（人文、自然学科基本知识）

D. 学科教学方法

E. 多媒体教学技术

F. 学生管理策略

G. 优秀教师经验观摩

H. 教育教学研究方法

I. 其他（请说明）

26. 您认为影响教师研修效果的主要因素是（可多选）

A. 内容不符合实际需求

B. 内容不连续

C. 教学方式不适合

D. 时间安排不合理

E. 主讲教师水平有限

F. 没有后续指导

G. 个人工作负担重

H. 家庭负担重

I. 其他（请说明）

27. 您理想的教师研修活动频率是

A. 一周一次

B. 两周一次

C. 一月一次

D. 一学期一次

E. 一学年一次

F. 其他（请说明）

28. 您参加各种教师研修活动的原因是（可多选）

A. 学历提升

B. 未来的晋级、加薪、奖励

C. 提高教育教学水平

D. 新课改的要求

E. 个人的兴趣与爱好

F. 其他（请说明）

29. 近年来，通州区各学科研修员，对您或您的同事开展业务指导的主要方式有哪些？效果怎么样？

指导方式	是否采用		效果如何				
	有	无	特别差	比较差	一般	比较好	特别好
1. 进校随机听评课							
2. 进行教学示范课							
3. 对赛课教师进行指导							
4. 组织课例等主题研讨会							
5. 组织教师专业培训							
6. 组织教学观摩评比							
7. 培养骨干以指导普通教师							
8. 进行教学质量评估							
9. 汇编教研成果							
10. 参与、指导校本教研							
11. 组织、指导课题研究							
12. 组织联片教研							

第四部分：城市副中心教师专业发展的现状诊断

以下为量表类题目，现在仅主要提供测量的内容维度，具体选项均采用五点量表，后面正式调查中将补充进去。

A. 非常不符合　B. 不太符合　C. 不确定　D. 比较符合　E. 非常符合

请根据您日常教育教学工作的实际情况，客观作出相应的选择

（一）教师育德能力的现状诊断

1. 我能有意识地发现课程中德育元素，挖掘学科里蕴含的德育价值

2. 我能尊重学生的多样性差异，因材施教

3. 我与学生相处时能关爱学生，成为学生的良师益友

4. 我能从容应对特定阶段学生的问题，如青春期、衔接学段学生

5. 我能及时关注到学生的心理状态，必要时给予引导和支持

6. 我知道如何与不同类型的家长沟通，并取得他们的支持

7. 我能够使家长信任自己，并愿意参与家校共育

8. 我对于家长咨询的问题，能及时给予专业的指导

（二）教师职业倦怠的现状诊断

1. 工作让我感到心力交瘁

2. 下班的时候我感觉精疲力竭

3. 早晨起来想到不得不又去面对一天的工作，我感到非常累

4. 工作让我有快要崩溃的感觉

5. 工作让我有很强的挫折感

6. 我觉得竭尽全力却老做不成事

7. 开展教育教学工作时，我感到精力充沛

8. 我所做的教育教学工作能够激励我

（三）教师教学效能感的现状诊断

1. 我能采用多样化的评价方式来评估学生

2. 学生不理解时我能通过其他讲法或列举其他例子使其明白

3. 我能在课堂上根据学生的反应采用备选的教学策略

4. 我能为学生提供一些好的、激发他们思考与解答的问题

5. 我能让学生遵守班级规则

6. 课堂上我能让一些捣乱或者吵闹的学生安静下来

7. 我能激励那些不愿意做作业的学生完成作业

8. 我能够让学生相信他们能够做好作业

9. 我能让学生对学习重视起来

10. 我能指导家长帮助他们的孩子取得好的成绩

11. 我经常和同事们一起分析教学数据，探讨教学实践问题

12. 除了日常教研活动，我会留出时间研究相关学术

13. 我重视教学内容的多样性及其质量，努力研究教学新策略

（四）教师专业学习力的现状诊断

1. 我的教案会根据教学情况的变化不断地进行调整和改进

2. 我有意识地将教学中遇到的问题进行归类、总结

3. 我会记录工作中成功或失败的教学经验

4. 我会创造性地在课堂上尝试应用新的教学方法

5. 我积极尝试新媒体技术（如电子白板等）

6. 我愿意独立思考，并创造性地启发学生

7. 我不愿意循规蹈矩，而是积极接受新的教育理念并在工作中尝试

8.我会在网络上收集更丰富的教学资源

9.我经常参加校内外的听评课或各类培训活动

10.我通过阅读论文、书籍等来获取教学灵感

（五）教师团队合作力量表

1.我和同事积极根据学生情况调整教学计划

2.我和同事经常交流教学经验

3.我经常和同事一起探讨各种教学中出现的困境

4.我和同事经常一起探讨班级学生问题

5.听评课或教研活动后，我经常会总结反思同事的评价

6.我积极向有经验的同事请教教学问题

（六）教师课程建设能力

1.我认为课程要不断创新

2.我会根据学生的年龄、兴趣设计课程活动

3.在课程设计时我可以较好地整合本校教学资源

4.我具备了较丰富的课程理论和课程知识

5.除搞好教学外，我无须开展课程研究

6.我对课程的反思取得了一定的成效

7.我会根据学生的课堂表现对课程设计与实施等环节反思

8.我平时教学任务繁重，没有时间进行课程开发

9.在进行课程设计时，我会考虑各项教学活动开展的顺序

10.我很少与校领导、同事探讨课程问题

开放性题目

1. 对城市副中心高质量的教育体系建设，您认为应具备哪些特征？

_____

_____

2. 对城市副中心高质量教师研修体系的建设，您认为应具备哪些特征？

_____

_____

3. 您认为通州区教师研修体系在助力高质量教师队伍建设中，还存在哪些问题，有什么建议？

_____

_____

问卷调查完毕，感谢您的参与！

参考文献

［1］［美］约翰·杜威.我们怎样思维·经验与教育 [M].姜文闵，译，北京：人民教育出版社，1991.

［2］［美］雪伦·B.梅里安.成人学习理论的新进展 [M].黄健，等，译.北京：中国人民大学出版社，2006.

［3］［日］秋田喜代美，佐藤学.新时代的教师 [M].陈静静，译.北京：教育科学出版社，2013：80.

［4］［丹麦］克努兹·伊列雷斯.我们如何学习：全视角学习理论 [M].孙玫璐，译.北京：教育科学出版社，2014.

［5］中国教育年鉴编辑委员会.中国教育年鉴（1949—1984）：地方教育 [M].长沙：湖南教育出版社，1986.

［6］中国教育事典编委会.中国教育事典：中等教育卷 [M].石家庄：河北教育出版社，1994.

［7］皮连生.学与教的心理学 [M].上海：华东师范大学出版社，1997.

［8］叶澜，等.教师角色与教师发展新探 [M].北京：教育科学出版社，2001.

[9]吴卫东.教师专业发展与培训[M].杭州：浙江大学出版社，2005.

[10]李进.教师教育概论[M].北京：北京大学出版社，2008.

[11]陈时见.教师教育课程论：历史透视与国际比较[M].北京：人民教育出版社，2010.

[12]朱旭东.教师专业发展理论研究[M].北京：北京师范大学出版社，2011.

[13]朱小蔓.关注心灵成长的教育——道德与情感教育的哲思[M].北京：北京师范大学出版社，2012.

[14]张铁道.教师研修：国际视野下的本土实践[M].北京：教育科学出版社，2015.

[15]杨跃.教师教育学[M].北京：北京师范大学出版社，2016.

[16]刘胡权.教师专业发展的情感基础研究[M].北京：北京师范大学出版社，2018.

[17]习近平.习近平谈治国理政（第三卷）[M].北京：外文出版社，2020.

[18]龙宝新.当代国际教师教育研究[M].北京：科学出版社，2016.

[19]母小勇，谢安邦.论教师教育课程的价值取向[J].教育研究，2000（08）：43-47.

[20]鱼霞，毛亚庆.论有效的教师培训[J].教师教育研究，2004（01）.

[21]胡庆芳.教师的学习特征[J].行动教育，2005（12）：28-30.

[22]李俊.成人学习研究——成人元认知能力的研究及成人元认知能力相关因素的研究报告[J].河北师范大学学报（教育科学版），2005（04）：93.

[23]刘学惠,申继亮.教师学习的分析维度与研究现状 [J].全球教育展望,2006(08):54-58.

[24]张敏.教师学习策略结构研究 [J].教育研究,2008(06):84-90.

[25]周冬祥,陈佑清.论教师的研修学习方式 [J].教育研究与实验,2009(01):61-65.

[26]曾本友.以工作过程为导向的教师培训课程开发 [J].继续教育研究,2009(10):101-105.

[27]梁威,卢立涛,黄冬芳.中国特色基础教育教学研究制度的发展 [J].教育研究,2010,31(12):77-82.

[28]孙德芳.教师学习研究:基点、论域与方法 [J].教师发展论坛,2010(02):3-5.

[29]王芳,马云鹏."教师学习"研究的发展及其对职前教师教育的启示 [J].外国教育研究,2010,37(04):7.

[30]田慧生.从传统教研向现代教研转变 [J].人民教育,2014(22):1.

[31]林静,刘月霞.中国教研的新形势与新任务 [J].中国教师,2014(01):15-18.

[32]徐伯钧.教科研训一体化:县域教师发展中心的功能融合 [J].教育理论与实践,2015,35(11):31-33.

[33]田慧生.向"大教研"转型 [J].人民教育,2016(20):14-19.

[34]尹后庆.质量时代的教研转型 [J].人民教育,2016(20):1.

[35]任学宝.以教研促进课改政策的转化和落实 [J].人民教育,2016(20):24-27.

[36]任学宝.教研的转型方向与使命 [J].课程·教材·教法,2017,37

（04）：15-19.

[37]刘永康.县级教师发展中心研训一体化的探索[J].江苏教育，2018（78）：45-46.

[38]李玮，张佳佳.区域教师研修课程建设的实践探索[J].北京教育（普教版），2018（02）：66-67.

[39]郭金明.以教师研修转型助推区域教育现代化[J].基础教育参考，2019（20）：14-16.

[40]李广生.研修一体：区域教师研修工作的突围之路[J].北京教育（普教版），2019（11）：37-39.

[41]郑志生，李子金.综合视角下区域教师研修体系建设之思明案例[J].基础教育课程，2019（22）：66-69.

[42]漆涛，胡惠闵.基础教育教研职能变迁70年的回顾与反思——兼论教学研究的概念演化[J].课程·教材·教法，2019，39（09）：79-87.

[43]王艳玲，胡惠闵.基础教育教研工作转型：理念倡导与实践创新[J].全球教育展望，2019，48（12）：31-41.

[44]陈如平.紧扭住基础教育高质量发展的关键[J].人民教育，2019（Z3）：1.

[45]刘月霞.质量大计，教研为先[J].人民教育，2019（21）：13.

[46]田慧生.新时代创新人才培养模式应高度关注的几个问题[J].中国教育学刊，2019（01）：43.

[47]姚丽萍，饶从满.区域教研机构功能定位与运行机制研究[J].中小学教师培训，2020（01）：4-7.

[48]何成刚.坚持、完善和发展中国特色基础教育教研制度——《关于加强和改进新时代基础教育教研工作的意见》解读[J].基础教育课程,2020(01):21-27.

[49]朱春晓.互联网+背景下协同共享教研文化形成的研究[J].教学与管理,2020(15):50-53.

[50]王艳玲,胡惠闵.从三级到五级:我国基础教育教研制度建设的进展与问题[J].全球教育展望,2020,49(12):66-77.

[51]吴青华."教科研训一体"视域下县级教师发展中心的建设机制与工作策略[J].江苏教育研究,2020(34):44-45.

[52]支梅,张丽莉.区域教师研修机构职能进阶探析[J].中国教师,2021(06):108-109.

[53]刘月霞.追根溯源:"教研"源于中国本土实践[J].华东师范大学学报(教育科学版),2021,39(05):85-98.

[54]曾文静,徐昌.新时代我国基础教育教研发展的方向[J].教学与管理,2021(24):4.

[55]周洪宇.加快建设高质量教育体系[J].教育家,2021(06):1.

[56]傅湘龙,等.基础教育高质量教研:内涵、任务与实施策略[J].课程教学研究,2021(12):4-5.

[57]申继亮.养其根,俟其实:教育高质量发展与育人方式变革[J].基础教育课程,2021(Z1):4-9.

[58]刘良华,谢雅婷.校本教研在中国的演进[J].全球教育展望,2021,50(11):3.

[59]李伟,蒋璐.我国基础教育教研制度的历程、特色与展望[J].教学

与管理，2022（19）：4.

[60]杨九诠.中国教研体系的定位与定性[J].教育发展研究，2022，42

（08）：18.

[61]刘莹，何成刚.新时代基础教育教研工作：历史贡献、困难挑战与思

路对策[J].天津师范大学学报（基础教育版），2022，23（03）：26.